여성은 출산에서 어떻게 소외되는가

BOOK
JOURNALISM

여성은 출산에서 어떻게 소외되는가

발행일 ; 제1판 제1쇄 2017년 8월 21일 제1판 제5쇄 2020년 11월 18일
지은이 ; 전가일 발행인·편집인 ; 이연대
주간 ; 김하나 편집 ; 김세민 제작 ; 강민기
지원 ; 유지혜 고문 ; 손현우
펴낸곳 ; ㈜스리체어스_서울시 중구 삼일대로 343 위워크 9층
전화 ; 02 396 6266 팩스 ; 070 8627 6266
이메일 ; hello@bookjournalism.com
홈페이지 ; www.bookjournalism.com
출판등록 ; 2014년 6월 25일 제300 2014 81호
ISBN ; 979 11 86984 17 8 03300

이 책은 한국교육인류학회에서 발간하는 《교육인류학연구》 18권 1호에 게재된
저자의 논문 〈의료화된 조산 체험의 의미 탐구〉(2015)를 바탕으로 합니다.

BOOK
JOURNALISM

여성은 출산에서 어떻게 소외되는가

전가일

: 의료진은 자신들의 의료적 결정만을 이야기했다. 그 모든 일의 초점은 단 하나였다. 조산 출산 시 일어날 수 있는 위험성을 차단하거나 최소화하면서 아기를 꺼내는 데 가장 효율적인 의료적 방식이었다. 그 과정에서 출산이라는, 내 삶에서 가장 소중한 사건에서 나는 주인공이 되지 못했다.

차례

이른둥이 아이들

나는 현재 16세 된 딸과 7세 된 아들, 두 명의 아이를 모두 병원에서 이른 출산으로 맞이했다. 첫째 딸아이는 36주 만에, 둘째 아들은 32주 만의 조산이었다. 산과학에서는 일반적으로 재태 기간(gestational age, 임신한 순간부터 아이의 탄생에 이르기까지의 자궁 내 발달 기간) 37~41주 사이의 출생을 만삭의 범주로 보는데, 우리 집 아이 둘 모두 이 만삭의 기간보다 일찍 세상에 나온 이른바 '이른둥이'다.

첫째 딸아이는 2003년 2월, 서울의 한 여성 전문 병원에서 2.3킬로그램으로 태어났다. 36주 만에 양수가 터지는 바람에 오전에 입원해서 당일 저녁에 수술했다. 아이 머리가 위를 향하고 있었기 때문에 산전 진단에 따라 수술은 예정된 수순이었다. 그러나 아기는 우리가 예상했던 것보다 훨씬 이르게 나왔다. 아기는 출생 당시에는 호흡기 집중 치료를 받지 않았으나 이틀 만에 장내 출혈로 인한 패혈증 진단을 받았다.

첫아이는 집중 치료 3일 만에 출혈이 멈추었는데, 출혈의 원인은 끝내 밝혀내지 못했다. 패혈증 치료를 끝낸 후에도 아이는 약 3주 가까이 신생아 중환자실에 입원해 있었다. 완전 모유 수유를 고집했던 나는 매일 하루 네 번씩 유축을 해서 아침과 저녁으로 신생아 중환자실의 면회 시간에 모유를 전달했다. 아이는 약 2.8킬로그램이 되어서야 병원에서 퇴원했다. 첫째 아이의 경우 임신 진단, 산전 검사와 출산, 아기의 치료까지 모두 같은 병원에서 이뤄졌다.

이 글에 담긴 조산 체험은 둘째에 대한 것이다. 둘째는 2011년 2월, 서울 시내에 위치한 B대학 병원에서, 32주 만에 1.8킬로그램으로 태어났다. 첫째와 마찬가지로 양수가 일찍 터졌는데, 병원으로 옮겨져 기다리는 동안 양수가 다 빠져나 갔다는 판단으로 입원 다음 날 수술하게 되었다. 대개의 조산아가 그렇듯, 둘째 역시 태어나자마자 신생아 중환자실로 옮겨졌다. 아이는 첫 일주일 동안 호흡기 치료를 포함한 집중 치료를 받았다. 이후에도 3주가량 더 인큐베이터에서 지냈고, 2.3킬로그램이 되어서야 한 달 만에 집으로 돌아올 수 있었다. 첫째는 산전 검사부터 출산까지 출산의 전 과정을 같은 병원에서 겪은 반면, 둘째를 출산하기까지는 네 군데의 병원을 거쳤다. 산전 초기 진단은 내 심장 이상에 대한 우려로 종합 병원인 Y대학 병원에서 받았다가 심장에 대한 위험이 크지 않음을 확인하고 지역의 한 산부인과로 옮겨 다른 산전 검사를 받았다. 그러나 산전 검사를 하던 병원은 임신 후반부에 이르자 나의 첫째 출산 이력(조산)을 문제 삼아 해당 병원에서의 분만에 대한 위험성을 강조하며 나에게 은근히 병원을 바꿀 것을 종용했다. 나는 다시 첫째를 출산했던 여성 전문 병원

(멀리 떨어진 곳으로 이사했기 때문에 거리가 상당했으나 어쩔 수 없었다)으로 옮겨 그곳에서 출산을 하기로 결정했다. 거리는 멀었지만 첫째 아이를 받았던 의사가 나를 반겨 주었기에 마음은 적이 안심이 되었다. 나는 의사와 출산 예정일 3주 전에 수술을 하기로 상의하고 돌아왔다. 그러나 그렇게 진료를 마치고 돌아온 지 일주일 후, 32주 만에 양수가 터져 119 구급차를 타게 되면서 결국 급히 후송된 B대학 병원에서 출산하게 되었다. 그곳은 출산 전에 단 한 번도 가보지 못했던 병원이었다. 둘째 아이의 경우 초기 진단, 산전 검사, 출산이 모두 다른 병원에서 이뤄진 셈이다.

경험을 어떻게 글로 불러올 것인가?

6년 전의 출산 기억을 되살리는 것은, 한 개인의 개별적인 경험을 통해 여성의 삶에서 차지하는 출산의 의미를 짚어 볼 수 있을 것이란 바람 때문이다. 그러한 삶의 체험적 의미는 개념으로 파악할 수 있는 것이 아니다. 인간의 언어는 이미 보편화된 개념이기 때문에 특정 개념의 언어로 표현된 순간 이미 그 독특성은 증발한다. 여성의 몸에 오롯이 새겨져 있는 출산과 같은 체험은 더더욱 그러하다. 그렇다면 어떻게 해야 한 여성의 살아 있는 체험을 글로 불러올 수 있을 것인가?

교육학 분야에서 현상학적 질적 연구를 수행해 온 반 매넌van Manen(1990, 2014)은 삶을 글에서 되살리는 방법으로서 '현상학적 글쓰기'를 소개하고 있다.[1] 그는《Phenomenology of Practice》에서 '현상학적 글쓰기'를 저자 혹은 참여자의 경험이 글 속에서 생생하게 살아나도록 감각을 불러일으키는 작업으로, "형언할 수 없는 그 무엇이 되살아나는 공간을 창조하는 작업"이라고 했다. 그는 현상학적 글쓰기의 한 형태로 현상의 독특성singularity of phenomenon을 가장 잘 드러내는 '일화anecdote' 쓰기를 강조하고 있다. 그는 보이텐디크Buytendijk(1988)의 기술을 빌어 "현상학은 예시의 학문"이라고 했다. 예시는 현상학적 접근의 방법론적 독특함인데 '일화'야말로 현상을 기술하는 가장 강력한 텍스트가 될 수 있다는 것이다. 그에 의하면 일화는 단순한 문학적 장식이 아니라 삶의 특정한 부분에 대한 깨달음을 불러일으키는 자연스러운 방법으로, 실제적인 이론의 예가 된다.

일화적 내러티브는 삶의 경험을 구체적인 방식으로 성찰하게 함으로써 그 경험에 대한 온전한 이해를 돕는다. 때로는 매우 심오한 철학적 원리도 하나의 작은 일화를 통해 보여줄 수 있다. 따라서 일화 서술이야말로 현상의 독특성에 다가서게 하는 가장 강력한 방법이다. 이러한 맥락에서 여성의 삶에서 의료화 출산 경험이 지닌 의미를 성찰하고자 한다면, 출산 과정과 그 순간에 대한 일화야말로 가장 강력한 텍스트가 될 것이다. 특정한 출산에 대한 일화는 출산 현상을 체험하지 않았던 독자로 하여금 저자의 경험에 초대되어 그 아픔과 기쁨, 고통과 감동 등을 공명하게 한다.

이 책에서는 의료화된 조산 출산이라는 독특한 삶의 체험을 글 속에서 되살려 내기 위해 '일화 쓰기'를 시도했다. 글에 기술된 각각의 일화들은 의료화 출산 상황의 각 과정에 대한 예시이며, 이 일화들은 다시 모여서 의료화 출산 시스템에서의 조산 체험의 의미를 탐구할 수 있는 예가 된다. 이 일화들은 내가 겪은 지극히 개별적인[2] 사태다. 그러나 오히려 그러하기에 우리는 이 고유한 이야기를 통해 의료화 출산에서 조산 체험이라는 현상의 독특성을 드러내며 그 의미에 다가설 수 있다. 개별적인 사태인 나의 체험 속에는 현대 한국 사회의 출산의 많은 단면이 담겨 있다.

이 글은 병원에서의 조산 출산 체험에 대한 일화를 통해 내가 겪은 의료화 출산 경험 속으로 독자들을 부르는 일종의 초대이다.

현상학적 글쓰기를 위한 재료들

병원에서의 조산 출산 경험에 대한 현상학적 글쓰기를 위해 나는 몇 가지 자료를 수집했다. 가장 주된 자료는 일화 구성을 돕는 내 출산 과정의 기록들이다. 나는 출산 전후의 임신·

출산 일기와 병원에서의 메모, 나의 조산 체험 경험을 수필 형태로 기고한 출판물 등을 참조했다. 그러나 조산 체험에 대한 일화 구성을 도울 수 있는 가장 근원적이고 중요한 자료는 출산에 대한 나의 기억, 그것이 오롯이 새겨져 있는 나의 몸 그 자체다. 나는 내 몸에 새겨져 있는 체험의 흔적과 오롯한 기억을 떠올리며 출산의 전 과정을 상세히 기록했다. 이 기록은 앞서 열거한 자료들과 함께 일화를 구성하는 가장 중요한 자료가 되었다.

또한 매스 미디어에서 다룬 출산 의료화 사례들을 참고하면서, 다른 출산 경험을 지닌 여성들과의 대화도 담았다. 이는 보다 풍부한 탐구를 위해, 그리고 스스로의 체험 속에 몰아沒我되지 않기 위함이었다. 책의 바탕이 된 기존 논문[3]을 집필할 당시에는 지인 중 33주 만에 출산한 현진(가명)과 면담했다. 현진은 출판업 종사자로 2012년 12월, 재태 기간 33주 만에 2.5킬로그램의 아이를 종합 병원에서 출산했다. 아기는 인큐베이터에서 3일, 이후 2주일 동안 신생아 중환자실의 일반 바구니에서 지냈다. 현진은 나와 달리 출산 의료화에 대한 부정적 인식이 적은 편이었다. 스스로를 "서양 의료의 혜택을 흠씬 받은 사례"라 표현하기도 했다. 현진과의 대화를 통해 나의 조산 체험에 대한 내러티브를 보다 구체화할 수 있었고, 의료화 출산에 대해 나와 대비되는 입장을 고려해 볼 수 있었다.

더불어 책 집필을 위해 다른 출산 경험을 지닌 세 명의 여성들과 함께 집단 면담을 가졌다. 면담에 참석한 대부분은 서로 그날 처음 만난 사이였지만 매우 솔직하게 자신들의 경험을 공유하고 관점을 표현했다. 각기 다른 출산 경험을 갖고 있는 이 여성들이 한목소리를 낼 수 있었던 것은, 앞서 언급한 개별적인 사례들에 담긴 보편성 덕분이 아니었을까? 현진과의 대화는 1~3장에 부분적으로, 집단 면담에서 만난 세 명의 이야기는 4장에 정리했다.

마지막으로, TV나 잡지 등 매스 미디어에 등장한 의료화 출산 사례들이다. TV 다큐멘터리에 등장했던 조산 사례와 여성주의적 관점을 가진 잡지 등에 실린 의료화 출산 사례들을 모았다. 이렇게 다양한 사례들을 살핌으로써 현상에 대한 다양한 측면들을 보여 줄 수 있다.

1 나는 내 출산의 주인공이고 싶었다

꿈꿔 왔던 출산의 순간, 그러나…

〈일화 하나〉

임신 32주 만의 어느 겨울밤, 예정일이 아직 한참이나 남았는데 갑자기 양수가 터진다. 남편은 마침 지방 출장 중이다. 친정 부모는 타국에, 시모는 먼 시골에 계신다. 나는 열 살 난 딸아이와 둘이서 남편이 요청한 119 구급차를 타고 B대학 병원을 찾는다. 자정 가까이 되었다. 구급대원은 떠나고, 나는 간호사의 지시에 따라 딸아이를 병원 복도에 혼자 남겨 둔 채 분만 처치실로 들어간다. 처치실에 들어가자 간호사들은 내게 검사를 위해 아랫도리를 벗고 산과용 침대 위에 누우라고 한다. 난 아랫도리를 모두 벗은 채 다리를 벌리고 눕는다. 방엔 불이 환하게 켜져 있지만 어딘지 스산하다. 간호사는 의사가 응급 수술을 마치고 곧 올 거라는 말을 남기고는 방을 나간다. 다리 사이로 양수가 계속 흘러내린다. 처치실은 몹시도 춥다. 정수리부터 허리뼈까지 냉기가 타고 흐른다. 아무리 기다리고 기다려도 의사는 오지 않는다. 방 건너편으로 분주히 오가는 간호사들은 피가 묻은 시트를 치우고 있다. 모두 저마다의 일로 바쁘다. 기다리는 시간이 길어질수록 내 심장도 더 세게 뛴다. 무섭고 두렵다. 배 속의 아기도 움직인다. 밖에는 겁에 질린 어린 딸아이가 어두운 병원 복도에서 홀로 기다리고 있다. 심장이 터질 듯한 이 무서움을 다독여 줄 사람도, 밖에 혼자 있는 딸아이에 대해 이야기해 주는 사람도, 이제 앞으로 어떤 일이 벌어질 거라고 말해 주는 사람도, 그 누구도 없다. 양수가 흐르고 있는 내 아랫도리를 잠시라도 덮을 만한 그 어떤 것도 없다. 냉기가 내 몸과 마음을 엄습한다. 나는 조산에 대한 공포와 두려움 앞에 몸과 마음이 완전히 발가벗겨 내던져진 채 산과용 침상에 누워 있다.

나의 소중한 출산이 그렇게 두려움과 공포, 외로움으로 시작된다.

지금 중학교 3학년인 큰 딸아이가 언젠가 내게 물었다. "엄마는 어느 때가 가장 행복했어?" 나는 조금의 망설임도 없이 말했다. "너를 막 낳아서 처음으로 네 뺨을 마주 댔을 때, 어찌나 감격스러웠던지 막 울었어. 그 순간을 평생 잊을 수 없지." 그 대답은 지극히 진심이었다. 병원에서 경험했던 온갖 두려움과 묵직한 공포의 끝에 만난 아기는 그 자체로 충만한 위로였다. 나의 몸속에서 꼬물거리며 함께 숨 쉬다가 세상으로 나와 내 품에 안긴 아기는 생명의 순환과 삶의 신비가 체화된 존재였다. 온 우주와 생명이 하나의 얼굴이 되어 내게 안긴 그때, 나는 삶에서 가장 큰 경외를 느꼈다.

그러나 병원 출산 과정에서, 특히나 둘째를 조산했던

과정에서 내가 가장 강렬하게 경험했던 것은 분리에 대한 공
포, 불안과 두려움이었다. 위의 일화에서와 같이 그것은 나의
신체와 내면에 대한 침해가 거침없이 이뤄지고 있는 상황이
었다. 출산의 주체여야 하는 나는 발가벗겨진 채 기계들 속으
로 '내던져진' 상태였다. 이것은 나 혼자만의 경험이 아니다.
많은 여성들이 의료화된 출산에 대해 공포감, 무력함, 고통을
호소했다. 프라이버시에 대한 침해, 자존감 저하를 겪으며 수
치스러운 느낌을 받았다고도 했다. 나 역시 크게 다르지 않았
다. 나는 나의 출산이 그 어떤 사건보다 존중받길 바랐다. 하
지만 침상에 누워 있는 동안 '나의 출산이 무엇인가 잘못되어
가고 있다'는 느낌을 한순간도 떨칠 수 없었다.

여성에게 출산은 어떤 의미인가?

현대 여성에게 있어 출산은 의료화 시스템과 깊이 연관되어
있다. 출산은 여성 개인의 신체적 경험일 뿐 아니라 한 사회
의 양식과 문화가 녹아 있는 사회 문화적 사건이다. 나의 출
산 또한 시대와 동떨어진, 독립적이고 개인적인 사태가 아니
라 사회 구조의 맥락 속에서 벌어지는 문화 특정적인 사건인
셈이다. 모건Morgan(1998)에 의하면 출산의 의료화는 근대 의
료 체계의 등장과 함께 이루어진 것으로, 임신과 출산의 영역
에서 의도적으로 혹은 비의도적으로 의학의 지배권이 확대

되는 것을 말한다.[4] 출산의 의료화는 이전까지 여성에게 자연스러운 삶의 한 부분이었던 임신과 출산을 의료적 처치를 요하는 위험한 것, 혹은 질병으로 간주하면서 임신한 여성과 태아를 환자로 규정하는 것이다. 여성의 임신과 출산을 의료적 관점에서 관리하고 통제하며, 대다수의 여성은 이를 자연스럽게 받아들인다.

조영미(2006) 등에 의하면 한국에서는 1980년대 들어 병원 분만이 급격하게 증가하여 2000년대에는 대부분의 산모가 병원 출산을 택하는[5] 출산의 의료화가 이루어졌다.[6] 의료화 출산에서는 출산 과정에서 의료진이 의료적 처치를 통해 개입함으로써 결과적으로는 출산 과정의 주도권을 갖고 그 상황을 통제하게 된다. 박문일(2001)에 의하면 의료화 출산 과정에서는 회음 절개술, 인공 양막 파수술, 겸자 분만, 무통 마취 시술 등의 의료적 개입이 발생한다.[7] 이러한 의료적 개입이 증가하면서 감염, 출혈 등 출산과 관련된 문제의 예방이나 즉각적인 처치가 가능하게 되었다. 또한 출산 시 임산부의 고통을 감소시키고 고위험 요소가 있는 조산 임산부도 보다 안전하게 출산할 수 있도록 하는 긍정적인 부분도 있었다.

그러나 이와 같은 의료화 출산이 우리 사회에서 '정상' 출산으로 인식되기 시작하면서 여성은 자신의 출산과 관련된 부분을 의료진에게 전적으로 의존하는 경향이 늘었다. 이

로 인해 출산하는 여성의 욕구와 자율성 등이 무시되거나 극
도로 제한되기도 했으며, 산모와 아기의 안전을 위한다는 명
목으로 여성의 분만이 점점 더 기계화되는 결과도 나타났다.

　　그러나 출산은 여성인 나의 삶에 있어 매우 중요한 사
건일 뿐 아니라 신비롭고 소중한 일이다. 따라서 여성은 자신
의 출산이 생의 그 어떤 사건보다 중대하고 소중한 것이며 그
어느 때보다 출산 시에 한 인격으로 존중받기를 바란다. 나 또
한 마찬가지였다. 나는 나의 출산이 그 어떤 사건보다 소중했
고 다른 이들에게 존중받길 바랐다.

　　켈핀Kelpin(1984)은 여성의 출산을 "인간 삶의 순환의 신
비를 알게 하는 자리"라고 표현했다.[8] 그의 말처럼 출산은 여
성이 지니는 매우 독특하고 유일한 경험일 뿐 아니라 매우 의
미 있는 순간이며 핵심적인 삶의 경험이다. 나에게도 마찬가
지였다. 내 삶에서 가장 소중한 이름은 '엄마'라는 명칭이요,
내 인생에서 가장 의미 있는 삶의 순간은 단연코 출산 직후 아
기의 뺨을 마주했던 바로 그 순간이었다. 이처럼 출산은 아기
와 함께 새로운 삶으로 나아가는 시작점이자 누군가를 책임
져야 하는 존재로의 탈바꿈이다. 여성의 출산 경험과 그 의미
를 이해하는 것이야말로 나를 포함한 많은 여성의 삶을 이해
하는 중요한 열쇠가 될 것이다.

의료화 출산에 대한 문제 제기

의료화 출산에 대한 문제는 크게 두 분야에서 제기되었다. 하나는 의료화 출산과 관련된 의료 주체 중 하나라고 볼 수 있는 간호학 분야의 연구들이다.[9] (사실, 의료화의 '주체'가 아닐 수도 있다) 이러한 연구들은 주로 출산에서 간호나 의료적 개입이 산부에게 긍정적인 출산 경험이 될 수 있도록 의미 있는 역할을 해야 함에도 불구하고, 의료화 출산이 출산 과정을 의료인이 주도하는, 의료인 편리 중심으로 만든 것에 대한 문제를 제기한다. 이러한 연구들은 의료화 출산 중에서 특별히 의료진에게 맞춰진 분만실의 문화를 통해 이 문제를 고찰하고 있다. 출산에서 여성이 적극적으로 상황을 조절할 수 있어야 하고 의료 서비스는 보다 적극적으로 여성의 요구를 수용해야 한다는 최근의 사회적 변화와 맥락을 같이한다. 또한 몇몇 저자들은 최근 의료화 출산의 대안으로 자연스럽고 '폭력 없는' 출산의 방법으로 여겨지는 조산원 분만에 주목하고 있다. 김정현(2002)은 조산원에서 여성들의 출산 과정을 가까이 지켜보는 참여 관찰 방법으로 연구했는데, 조산원 출산을 새로운 자아가 탄생하는 "자기 주도적 출산"으로 표현했다.[10] 이은주와 박영숙(2012)은 조산원에서 자연 출산 방식을 경험한 여성들을 심층적으로 면담하여 이들의 출산 경험과 그 의미를 고찰했다.[11] 의료화 출산에 대한 대부분의 간호학 연구들 특히, 조산원 출산에 관한 연구들은 페미니스트적 관점과 인식론에 기초하여 자료를 이해하고 있음을 명시하고 있다.

여성학 분야에서도 의료화 출산에 대해 강력히 문제를 제기한다. 이들은[12] 출산의 의료화가 여성 삶의 자연스러운 부분이었던 출산이 의료 체계로 흡수되면서 출산의 주도권이 의사들에게로 넘어간 것이라고 본다. 이는 출산이 의료 권력에 의한 감시와 관리의 대상이 된, 여성학적으로나 과학사적으로 매우 중요한 사건이다. 이 연구들은 주로 출산의 의료화가 이루어진 역사적 과정, 의료화 출산 문화의 특징과 대안, 출산 의료화 시스템 속에서의 여성의 재생산권 규제와 이에 대한 여성들의 저항, 의료화 출산 담론에 대한 분석과 비판 등을 주제로 한다. 이러한 연구들은 의료계 외부에 있는 여성의 시각으로 의료화 출산을 고찰함으로써 여성의 신체 자결권 등의 문제를 부각했다. 이는 그동안 의료화된 출산에서 당연시 여겨졌던 여성에 대한 의료 권력의 행사에 의문을 제기하는 것이다.

의료화 출산에서 여성에 대한 의료 권력의 행사는 조기 출산과 같은 응급 상황에서 더욱 극명하게 드러난다. 조기 출산은 그 응급함으로 인해 의료적 개입이 불가피해지고(그렇게 여겨지고 있다), 출산 과정에서 안전이라는 명목하에 산부와 태아에 대한 의료진의 권한이 매우 강력해진다. 한국에서도 조기 출산이 늘어가는 추세이므로,[13] 의료화 출산 경험을 이해하는 데 있어 조산 사례를 살펴보는 것이 도움이 될 것이다.

위와 같은 의료화 출산에 대한 이제까지의 문헌들은 출산 의료화의 진행 과정과 그 안에서의 권력의 역동을 살핌으로써, 출산이 개인적인 경험이 아니라 사회적인 의미망 속에서 구현되는 것임을 잘 보여 주고 있다. 그러나 대부분이 여성 개개인의 체험 사태를 구체적으로 드러내지 않고 일반적인 경험을 기술하고 있다. 그러나 여성의 출산 경험은 일반화할 수 있는 평균적 경험이 아니다. 여성의 출산 경험은 일반화가 불가능한 지극히 개별적이며 독특한 경험이다. 따라서 여성의 출산 경험이야말로 하나의 개별적이며 구체적인 사례의 독특함 속에서 진정으로 이해될 수 있다. 여성이 병원에서 경험하는 의료화 출산은 논리적인 설명의 방식이 아니라 여성이 체험한 현상을 있는 그대로 오롯이 드러냄으로써 이해하는 방식으로 접근해야 하는 것이다. 이것은 출산 여성의 경험을 따라가며 그것의 개별성과 독특성을 그대로 드러낼 때 가능한데, 그러한 방법의 하나로 자전적 탐구, 즉 자기 체험 탐구를 생각해 볼 수 있다.

박세원(2014)은 질적 연구 중 자기 체험 연구야말로 "탐구가 원래 있어야 할 자리"라고 말한다. 질적 연구는 궁극적으로 인간 존재가 어디에, 어떻게 있어야 하는가를 답하는 것인데, 자기 체험 탐구야말로 그 답을 찾아가는 데 있어 적합한 방법이라는 것이다.[14] 이것은 하이데거Heidegger가 이야기하고 있는 '존재물음의 존재론적 우위의 문제'다. 현존재로서 우리에게 다른 무엇보다 우선하는 물음은 바로 존재의 의미에 대한 물음이기 때문이다.

위와 같은 맥락에서 이 글은 나의 조산 체험을 유일하고 독특한 한 여성의 출산 사례로 성찰함으로써 여성의 삶에서 의료화 출산 경험이 가진 의미를 이해하고자 했다. 이를 통해 출산을 경험한 여성뿐 아니라 아직 이 사태를 경험하지 않은, 앞으로도 겪지 않을 수 있는, 또는 겪을 수 없는 모든 독자들과 함께 현대 사회에서의 병원 출산이라는 사태를 돌아보고자 했다. 이는 곧 자기 체험 연구이며, 궁극적으로 그 경험 속 현존재로서의 나에 대한 존재물음이다. 나에게 의료화 출산 체험은 어떠한 경험이었으며 그 의미는 과연 무엇인가? 의료화 출산 과정에서 여성으로서, 엄마로서, 인간으로서의 나의 존재는 어떻게 드러났던가? 나는 내 조산 체험을 성찰하는 이 글을 통해 이러한 질문들에 대한 답을 찾아가고자 한다. 따라서 이 글은 지극히 개인적이며, 독특하며, 유일한 사례에 관한 것으로, 반 매넌(1990)의 표현처럼 "유일한 것에 관한 유일한 이론"[15]이다. 그러나 우리는 이러한 독특한 사례를 통해, 의료화 출산 경험의 보편성에 다가설 수 있을 것이다.

"그래도 오시겠어요?" : 거절당함

〈일화 둘〉

저녁을 먹고 일어서는데 다리 사이로 따뜻한 물이 주르륵 흘러내린다. 아직 출산 예정일이 두 달이나 남았는데… 양수가 터졌다. 남편은 마침 지방 출장 중이다. 119 구급차를 불렀다. 딸아이가 울면서 말한다. "지금 아기가 나오면 안 되는 거 아냐? 지금 나와도 살 수 있어?" 나는 딸아이를 안심시키고 출산하기로 되어 있던 병원에 급하게 전화를 한다. 아기의 재태 기간을 물은 간호사가 말한다. "32주요? 32주면 저희 병원에서는 안 돼요. 대학 병원에 가셔야 돼요." 대학 병원이라… 떨리는 가슴을 진정시키며 임신 초기에 다녔던 대학 병원에 전화를 한다. 수화기 너머로 피곤에 지친, 그러나 단호한 간호사의 음성이 들린다. "그런데, 저희는 지금 비어 있는 인큐베이터가 없어요. 그리고 언제 자리가 날지는 장담할 수 없구요. 지금 교수님께 연락해서 수술이야 할 수 있지만 수술하고 아기 나오면 바로 인큐베이터에 들어가야 되는데, 그러면 아기는 또 다른 대학 병원으로 옮겨서 입원해야 되잖아요." 그렇게 설명을 하던 간호사는 마지막으로 묻는다. "그래도 오시겠어요?" 그것은 표면상으로는 질문이었으나 나를 받아들일 수 없다는 강력한 의사 표시나 다름없었다. 인큐베이터에 자리도 없고, 빈 인큐베이터를 찾아 줄 수도 없다는데 어떻게 "그래도" 갈 수 있겠는가? 나는 알았다고 대답하고 전화를 끊는다. 전화를 끊고 나자 공포감이 밀려온다. 다리 사이로 계속해서 양수가 흘러내리는데도, 그동안 진료를 받았던 병원들로는 갈수 없다니! 예정보다 두 달이나 빠른 파수(破水)에 놀란 마음을 애써 진정시키며 짐을 챙긴다. 그제야 조산이라는 '사태'의 심각성이 고스란히 느껴지면서 극도의 불안이 엄습해 온다. 곧이어 구급대원들이 도착했고, 나와 딸아이를 구급차에 태운다. 구급대원이 묻는다. "어느 병원으로 갈까요?" 나는 구급차의 침상에 누운 채로, 밀려오는 공포감을 누르며 간신히 대답한다. "모르겠어요. 갈 수 있는 병원이 없어요." 그러고는 끝내 울음을 터뜨린다.

구급차에 올라 상황을 이야기한 후 다시 마음을 추슬렀다. 짧은 시간 동안 많은 생각을 한 뒤 그래도 초기에 진료를 받았던 Y대학 병원에 가자고 했다. 하지만 나의 말을 들은 119 구급대원은 어제도 조산 임산부를 바로 그 Y병원으로 후송했는데 자리가 없어서 그냥 돌아 나왔다고 했다. 구급대원은 지금부터 이 지역에서 가장 가까운 대학 병원에 연락해 인큐베이터에 자리도 있고 응급 수술도 가능한 대학 병원을 찾겠노라고 말했다. 구급대원의 음성 속에서 모종의 확신과 책임감이 전해져 왔다. 구급대원은 말을 마치자마자 목록을 찾아 들고 병원에 전화를 하기 시작했고 마침 처음으로 전화한 대학 병원에서 오라는 답을 들을 수 있었다. 덕분에 지난 몇 시간 동안 나를 지배했던 불안과 공포가 잦아드는 걸 느꼈다. 당혹감 속으로 휘몰려 가던 마음, 어디에도 기댈 곳이 없다는 공포감이 가라앉으며 '이제 혼자가 아니다', '살 수 있겠구나' 하는 안도가 스며들었다.

우리는 B대학 병원으로 출발했다. 나는 간이침대에 실려 구급차를 탔고 나의 가방을 손에 든 열 살 난 딸아이는 구급대원과 나란히 의자에 앉았다. 병원에 가는 내내 딸아이는 내 손을 꼭 잡고 있었다. '아이가 나올 것 같으니 짐을 챙기자'는 나의 말에 울먹이던 딸아이는 내가 울음을 터트리자 오히려 의연하게 나를 안아 주었다. "엄마, 괜찮아~ 하나님이 지켜 주실 거야. 다 잘될 거야." 병원까지 가는 동안 딸아이는 내 손을 놓지 않았다.

의료화된 출산 과정에서 산모들이 마주하는 첫 과제는 출산을 할 수 있는 병원을 찾는 일이다. 한국은 출산 의료화가 급속히 진행되면서 분만이 가능한 산부인과 의원의 수 또한 급속하게 줄었다.[16] 출산율이 급격하게 떨어지면서 병원은 분만실을 유지하기 어려워졌고, 출산이 가능한 병원 역시 줄어들었다. 자연히 조산 임산부를 받을 수 있는 병원의 숫자 또한 줄었다.[17] 이는 곧 조기 출산으로 태어난 조산 신생아를 집중 케어할 수 있는 신생아 집중 치료실(NICU)이 줄었다는 의미다. 조산아는 재태 기간과 몸무게 등에 따른 집중 치료가 가능한 의학적 장치를 갖춘 특수 병상이 필요하다. 의료진은 일정 몸무게에 이르지 못하고 호흡이 불완전한 조산 신생아를 신생아 중환자로 보는데, 신생아는 1시간 안에 NICU에서 치료를 받아야 한다. 그렇지 못할 경우, 매우 위험한 상황에 이를 수 있다.[18] 우리나라의 NICU 규모는 해마다 줄었는데, 2005년도에는 143개 병원, 1730여 개 병상이었던 것이 2012년도에는 89개 병원, 1250여 개 병상으로 급감했다.[19] 분만실과 신생아 중환자 치료실은 모두 수익이 나지 않는다는 이유로 급격히 줄어들고 있다.

> "신생아 집중 치료실은 그야말로 노동 집약적 사업입니다. 간호사 선생님, 의사 선생님이 일대일로 딱 붙어서 치료해야 하고 적자의 가장 큰 요인이 인건비입니다. 간호사 선생님이 70명 이상 일하고 계시거든요. 그렇게 되면 발생하는 인건비를 지금의 수가로는 도저히 감당이 안 되니까….."
>
> ○ 대학 병원 NICU 의사 K, KBS〈추적 60분〉중

"1킬로그램 미만의 미숙아들은 적어도 석 달 내지 넉 달을 입

원하고 가요. 그러면 그 아이들이 한번 입원을 하면 퇴원 안 하니까 추가 환자 못 받죠. 중환자 입원 수가는 적죠. 병상 회전은 안 되죠. 그리고 간호사들은 24시간 투입되고 그러니까 그로 인해서(NICU 운영에 의해서) 수익이 나는 게 아니라 적자가 심화되는 구조예요."

○ ○ 종합 병원 NICU 의사 J, KBS 〈추적 60분〉 중

수익이 나지 않는 NICU 병상이 줄어들면서 신생아 중환자를 받아들일 수 있는 병원도 줄어들었다. 결국, 조산을 경험한 여성들이 출산 시 병원을 찾지 못해 어려움을 겪는 일이 발생한다. 일본에서는 조산 증상으로 위급한 상황에 있던 임산부가 도쿄에 있는 병원들로부터 25차례에 걸쳐 진료를 거부당하고 결국에는 사망하는 사건까지 있었다.[20] 병원의 조산 임산부 진료 거부의 배경에는 분만 시설과 설비 및 인력의 감소, 의료의 시장화와 자본 논리의 침투라는 사회 구조적인 문제가 있다. 일상적 상황에서 사회 구조적 문제는 우리 삶으로부터 멀리 있는 것처럼 느껴진다. 그러다 삶의 특정한 사태를 통해 비로소 자신의 일로 경험하게 된다.

나 또한 조산이라는 '사태'를 통해 자본의 논리에 의한 분만 시설과 응급 신생아 케어 시스템의 부족이라는 사회 구조의 문제를 나의 일로 경험하게 되었다. 양막 파수 후 병원들

에 전화를 걸었을 때 한쪽은 나의 재태 기간이 너무 짧아 분만 자체를 할 수 없다고 하였고, 한쪽은 분만은 하더라도 아기를 위한 자리가 없으며 "책임질 수 없다"고 했다. 전화를 받은 사람들은 오지 말라고 진료 거부를 하면서, 그에 대해 어떤 대안을 찾아 주거나 내가 대안을 찾도록 도와주지 않았다. 받을 수 없다는 거부만 있었을 뿐이다. 오히려 되도록 빨리 내 전화를 끊고 싶어 했다. 전화를 받은 사람들로 대표되는 의료화 출산 시스템은 내게 아무런 책임도 지고 싶어 하지 않았다. 아니, 질 이유가 없었다. 임신 직후부터 출산 전까지 나이와 출산 경력을 들어 나를 '고위험' 산모로 분류하면서 갖가지 다양하고 값비싼 검사를 하게 만들었던 의료 시스템은, 출산을 앞에 두고서는 '수가가 낮아서 수익이 나지 않는' NICU 병상이 모자라다며 나를 거부했다.

의료 시스템은 나를 책임지지 않았다. 전화를 받은 사람들에게 나는 동생이나 조카, 오래된 친구나 이웃의 얼굴을 가진 타인이 아니었다. 그들에게 나는 진료를 해줄 수 없는 하나의 의료 소비자일 뿐이다. 그래서 그들은 조산이 임박하여 병원을 찾는 절박한 한 여성의 전화에 대해 무미건조하게 "수술은 할 수 있지만 인큐베이터 자리가 없다"고, "그래도 오시겠어요?"라고 말할 수 있는 것이다. 의료화된 출산 시스템 안에서 나는 그렇게 구체적인 "타인의 얼굴"[21]이 되지 못한다.

그렇게, 나의 출산은 병원의 거부로부터 시작되었다.

"이제 그만 모두 가주세요.": 홀로됨

〈일화 셋〉

간호사의 안내에 따라 환자복으로 갈아입고 '고위험 산모실'에 들어서서 침대에 눕는다. 이 특별한 입원실은 단 한 개의 창도 없다. 8개의 침대가 있는 병실에 산모는 나 혼자뿐이다. 몇 분 후 남편과 딸아이, 나의 오랜 친구가 들어온다. 어두운 병원 복도에 혼자 남겨 둔 채 세 시간여 만에 만난 딸이다. 딸아이와 친구는 나를 와락 껴안는다. 둘 다 눈동자에 눈물이 그렁그렁하다. 나는 둘의 등을 어루만지며 말한다. "괜찮아, 괜찮아. 다 잘될 거야." 오히려 내 말에 둘이 눈물을 주르륵 흘린다. 함께 기도를 하고, 입원과 검사 경과 그리고 앞으로의 결정에 대해 몇 분 동안 이야기를 나눈다.

그런데 10여 분쯤 지나자 간호사가 들어와 말한다. "이제 그만 모두 가주세요. 여긴 보호자들이 같이 계실 수 없어요." 마음속으로 여러 가지 생각이 들었지만 병원의 규칙이라니, 우리 셋은 별다른 저항 없이 따라야 한다. 딸아이가 묻는다. "엄마~ 혼자 있어서 무섭지 않겠어?" 친구도 묻는다. "혼자 정말 괜찮겠어?" 나를 엄습해 오는 두려움을 애써 누르며 스스로에게 다짐하듯 다시 말한다. "괜찮아, 괜찮아." 서로를 바라보는 우리 모두의 눈에 다시 눈물이 맺힌다. "마음 편히 하고 잘 자"라며 나를 안고 등을 토닥이던 남편의 손이 파르르 떨린다. 그렇게 모두가 돌아가고 나는 다시 혼자가 된다.

딸아이, 구급대원과 함께 병원에 도착했을 때 시간은 이미 자정이 넘어가고 있었다. 진료와 병문안이 끝난 한밤중의 병원 복도는 불이 꺼져 캄캄했다. 데스크와 복도 한쪽에만 불이 밝혀져 있었다. 복도를 지나가는 사람은 아무도 없었다. 구급대원은 데스크에 가서 간호사가 내민 서류에 몇 가지 사항을 기재하고 간략한 인사를 한 뒤 병원을 떠났다. 나와 딸아이는 서로의 손을 꼭 잡고 데스크 앞 의자에 앉아 있었다. 잠시 후 간호사가 내게로 와서 지금 전공의가 분만실에서 수술 중이니 일단 처치실에 들어가서 옷을 갈아입고 기다리라고 했다. 나는 딸의 손을 꼭 잡고 상황을 설명했다. "엄마가 이제 들어가봐야 돼. 아빠가 금방 올 거니까 여기서 기다리고 있으면 돼. 무슨 일이 있으면 저기 간호사 선생님한테 이야기하고. 아빠 기다릴 수 있지?" 딸의 눈동자가 마구 흔들렸다. 나는 딸을 한 번 꼭 안고 의자에서 일어섰다. 딸아이도 나를 따라 일어섰다. 나는 다시 한 번 딸아이 머리를 쓰다듬고 처치실로 들어섰다. 딸아이는 내 가방을 꼭 껴안고 복도 한가운데 서서 말했다.

"엄마~ 빨리 나와야 돼."

나는 처치실 안쪽으로 들어가 침대에 누워 의사를 기다렸다. 응급 수술을 하고 있다는 의사는 한참을 기다려도 오지 않았다. 정확히는 알 수 없지만 많은 시간이 흘렀다. 침대에 누워 있던 나는 흘러내리는 양수와 배 속의 아기도 걱정되었지만, 그보다 문 밖 어둑한 복도에서 혼자 기다리는 딸아이가 너무나 걱정되어 참을 수가 없었다. 얼마나 무서울까? 얼마나 떨릴까? 얼마나 걱정이 될까? 나는 처치실 침대에 누워 지나가는 간호사를 불러 울먹이며 말했다. "밖에 아이가 혼자 있어요." 그러자 간호사가 말했다. "걱정하지 마세요. 방금 보호자분 오셔서 같이 있어요."

면회 시간에 남편의 이야기를 들어 보니 자신이 병원에 도착했을 때 딸아이가 내 가방을 꼭 껴안고는 움직이지도 않고 수술실 문 앞 복도에 쪼그려 앉아 있더라고 했다. 그러다 아빠를 본 딸아이는 그제야 일어서며 말했다고 한다. "아빠! 엄마가 아까아까 들어갔는데 아직도 안 나와. 괜찮겠지?" 그 이야기를 남편에게 전해 듣고 밤에 혼자서 얼마나 울었는지 모른다.

병원에서 허락한 짧은 면회가 끝나고 남편과 딸아이, 친구가 돌아갔다. 조용한 어둠 속에서 아기의 심음만이 기계를 통해 들려왔다. 다시 혼자다. 식구들과의 만남 동안 잠시 물러났던 조산에 대한 두려움이 이내 나를 엄습했다. 딸아이를 어두운 복도에 남겨 두고 처치실에 들어가 한참을 기다렸던 그 시간 동안 맛보았던 그 공포가 다시 밀려왔다. 창문 하나 없는 캄캄한 병실에 비스듬히 열린 문틈으로 빛이 약간 들어왔다. 잠을 이룰 수 없었다. 낮부터 하루 동안 벌어진 여러 가지 일들을 곰곰이 생각했다. 병원에 들어서는 순간부터의 일도 곱씹어 보았다. 나는 왜 지금 혼자가 되어야만 하는 것인지 아무리 생각해도 그 까닭을 알 수가 없었다. 외로움, 알 수 없는 분노, 그러나 무엇보다 강렬한 불안과 공포가 나를 휘젓는다. 앞으로 연출될 온갖 위험의 가능성을 상상했다. 그러던 중 배 속의 아이가 움직이는 것이 느껴졌다.

배 위에 손을 올려놓으니 아기가 더 세차게 움직였다. 그대로 배에 손을 올려놓은 채 아기에게 중얼거렸다. "괜찮아, 동글아. 엄마가 있잖아. 무슨 일이 있더라도 엄마가 지켜 줄 거야." 그리고 한참을 기도했다. 아기를 지켜 주시길, 안전하게 세상에 나올 수 있게 도와주시길 빌고 또 빌었다. 그러다가 만약 무엇인가 잘못된다 하더라도 그 또한 나의 몫으로 받아들일 수 있도록 해달라고, 이대로 아기를 영영 볼 수 없다고 해도 그 또한 받아들일 수 있도록 나를 강하게 해달라고 기도했다.

첫 딸아이를 출산할 때에도 이런 기도를 했었다. 출산 후 3일째, 신생아 중환자실의 소아과의가 아기의 장에서 출혈이 보이고 패혈증이 왔으며 자신들이 할 수 있는 검사와 처치는 다했고 이제 기다리는 것밖에 달리 할 일이 없다고 했다. 그날 밤 울다 지쳐도 잠이 오지 않았던 나는 면회 시간이 끝난 신생아실에 혼자 내려갔다. 커튼이 내려져 있는 신생아실 앞에 앉아 하염없이 울었다. 어떻게 해야 하나? 아기를 위해 무엇을 해야 하나? 아기가 잘못되면 어떻게 해야 하나? 복도를 지나는 사람들의 눈길을 피해 다시 병실에 올라왔다. 늦은 밤 계속해서 눈물을 흘리는 나를 남편은 애써 안심시키려고 다독였다. 나도 남편도 잠자리에 들었다. 하지만 난 잠들 수 없었다. 불 꺼진 병실에서 혼자 기도했다. 제발 아기를 살려 달라고, 장애가 남아도 좋다고, 기쁘게 그 짐을 감당하겠노라고, 아기를 살려만 주신다면 평생 아무것도 바라지 않겠노라고, 이제부터 아무것에도 욕심을 내지 않겠노라고 기도했다. 원하신다면 공부도(나에게는 제일 내놓고 싶지 않은) 그만두겠노라고 기도했다. 그제까지 살면서 그보다 더 간절했던 적은 없었다. 새벽에 동이 틀 때까지 한잠도 이룰 수 없었다. 옆에서 잠든 남편도 느낄 수 없는 오로지 엄마만이 느끼는, 감당해야 할 어떤 고통의 몫이 있는 듯했다. 외로웠다. 그런데 신비하게도 그 외로움 사이로 형언할 수 없는 강한 어떤 힘 같은 것이 느껴졌다. 어떤 일이 있어도 지켜야 할 생명이 내게로 왔다. 이제까지 익히 경험하지 못했던 책임감이 그 순간 나를 사로잡았다.

그렇게 나는 가장 절실한 순간에 나와 아기를 신에게 의

탁함으로써 모든 것을 내려놓고, 모든 가능성을 받아들이고 있었다. 의료화 출산 과정에서 경험한 가족들과의 분리는 나의 불안과 공포를 더욱 극대화했으나, 그랬기에 나는 신 앞에 나를 온전히 내려놓을 수 있었다. 그것은 의료진이 주도하고 있는 병원 출산 과정에서 대상화될 대로 대상화된, 소외될 대로 소외된 내가 할 수 있는 가장 주체적인 선택이었다. 그날 밤, 그렇게 나는 극단적인 외로움 속에서 아기의 모든 것을 온전히 받아들일 수 있도록 나 자신을 모두 내려놓으면서 더 강한 엄마로 탈바꿈하고 있었다.

그렇게 밤새도록 한숨도 잠을 이루지 못한 채 날이 밝았다.

"그냥 전문가에게 맡기세요.": 소외

〈일화 넷〉

한밤중에 주치의(전공의)가 들어와 말한다. "교수님이 기다릴 수 있을 때까지 기다려 보자고 하셨어요. 며칠이고 버틸 수 있는 데까지 해봐야죠." 나는 겁이 난다. 이렇게 양수가 다 나오고 있는데 그래도 되는 것인지…. 조심스럽게 묻는다. "양수가 이렇게 다 빠지는데 기다려도 되나요? 그래도 아기가 괜찮은 건가요?" 질문을 듣던 주치의 미간에 살짝 주름이 잡힌다.

주치의는 피곤하다는 듯, 하지만 단호한 어투로 말한다. "양수는 또 만들어질 수 있으니까 괜찮아요. 그리고… 언제 수술할지는 저희가 결정해요. 그냥 전문가에게 맡기세요." 나와는 눈도 맞추지 않은 채 차트를 보며 대답하는 전공의의 말투에서는 이제 그런 질문은 하지 말라는 의도가 강하게 느껴졌다. 창문 하나 없는 고위험 산모 방에 홀로 누운 나는 밤새 한숨도 잠을 이루지 못한다. 시계를 보고야 날이 밝은 것을 안다. 수간호사가 간호사들을 대동한 회진을 마치고 나자 남편이 온다. 남편과 함께 주치의를 기다린다. 주치의가 잠깐 들어와서 "교수님이 오셨으니 차트 보고 결정하실 것"이라는 이야기를 하고 다시 나간다. 우리는 다시 마냥 기다린다. 누구도 우리에게 그 어떤 것도 묻지 않는다. 그사이 난 두 번의 검사를 더 받는다. 검사를 받을 때마다 무엇을 위한 검사인지를 설명해 주는 사람은 없다. 얼마나 기다렸을까? 주치의가 들어와서 말한다. "교수님이 오늘 수술하자고 하시네요. 양수가 다 빠져서 기다리는 의미가 없다고… 곧 스케줄 잡히는 대로 수술 시간 알려드릴게요." 어젯밤까지도 계속 기다려 보겠다던, 양수는 또 만들어질 수 있으니 괜찮은 것이라던 의료진의 판단은 차트를 확인한 교수에 의해 단번에 뒤집어진다. 그렇게 나의 수술은 얼굴 한 번 직접 본 적 없는 의료 '전문가'에 의해 결정된다.

B병원에 도착해서 입원을 하고 주치의(전공의)를 만나고, 수술을 하기까지 의료진은 나의 '의견'을 단 한 번도 물은 적이 없었다. 의료진이 물은 것은 나의 재태 기간과 이전 출산에 관한 이력, 그리고 연락처와 주민번호와 같은 '정보'뿐이었다. 수술 여부[22]는 말할 것도 없고 수술 시기, 마취 방식, 게다가 주치의나 집도의 선정에 이르기까지 의료진은 나에게 어떤 것도 묻지 않았으며, 나는 아무것도 선택할 수 없었다. 조산을 앞두고 있는 나로서는 당연히도 걱정스러운 것이 많았고 묻고 싶은 것이 많았다. 나와 아기의 생명을 맡고 있는 '전문가'들에게 묻고 어떤 것이 가장 좋은 방법인지 고민하길, 그럴 기회가 주어지길 바랐다. 언제 수술을 하는 게 좋은지, 계속해서 양수가 누출되고 있는데 양수가 다 빠지면 위험하지는 않은 것인지, 꼭 수술을 해야 하는 것인지, 그런 상황에서 수술은 정말 불가피한 것인지, 수술을 해야 한다면 반신 마취와 전신 마취 중 어떤 것이 나와 아기에게 더 좋을지…. 나는 주치의에게 묻고 싶었다. 집도의도 선택할 수 있을 줄 알았다. 그러나 의료진은 나에게 어떤 것도 묻지 않았고, 집도의를 선택할 수도 없었다.

나와 아기의 생명을 다룰 수술 집도의(교수)를 한 번도 보지 못하고 수술을 받았다. 수술실에서 처음 만난 집도의는 그나마도 두건과 마스크를 쓴 채여서 눈만 보였다. 조산은 매우 응급하고 위험한 출산이므로 전문적인 의료 처치가 필요하다는 의료화 출산의 논리대로 나와 아기의 생명을 좌우하는 모든 사항은 시종일관 나를 배제한 채 결정되었다. 의료진은 모든 것을 "전문가에게 맡기"길 원했다. 나는 나의 몸과 아기에게 두고두고 영향을 끼칠 출산에 관련한 모든 결정권을 내려놓아야 했다. 출산이라는 내 삶의 소중하고 매우 의미 있는 사건으로부터 나는 가장 소외받는 대상이 되었다.

이렇게 전문가에게 모든 것을 맡기는 출산 의료화 과정에 대해 임산부들이 부정적인 감정만을 느끼는 것은 아니다. 현진은 자신이 상황을 통제할 지식이 없기 때문에 의료진이 전문적인 선택을 내려 주면 자신이 그것을 믿고 따르는 것이 편안했다고 한다.

그러나 때때로 임산부들은 출산 과정 속에서 겪는 소외에 대해 저마다의 방식으로 저항하기도 한다. 소극적으로는 임산부들이 출산 과정에서의 지나친 의료 개입을 최소화하기 위한 목적으로, 진통 중에 일어나는 일을 의사에게 일부러 말하지 않거나 병원에 가는 시간을 최대한 늦추기도 한다. 적극적으로는 조산원 혹은 가정에서의 출산을 선택하기도 한다.[23] 이것은 여성들이 의료화 출산 과정에서 겪는 소외에 대한 나름의 저항이다.

나에게는 질문이 그러한 저항의 한 방식이었다. 그것은

출산이라는 내 삶의 가장 의미 있는 사태로부터 소외당하지 않으려는 저항이었다. 질문은 나와 아기에게 영향을 미칠 처방, 중요한 결정 상황, 앞으로의 예후에 대해 알고자 하는 자연스러운 반응이기도 했다. 그러나 질문은 초기부터 저지당했다. 입원 후 다음 날 새벽, 세 번째 검사를 받았을 때 나는 전공의에게 아기가 몇 킬로그램이나 되었는지를 물었다. 그러자 전공의가 얼굴을 심하게 찡그리며 "왜 자꾸 물어보세요? 그걸 매일 이야기해 줄 수는 없죠. 그런 거 매번 물어보시면 안 돼요"라고 말했다. 질문 자체를 금지당했던 것이다. 내가 선택한 질문이라는 저항은 답을 통해 요구를 표현하고 협상을 시도하는 계기가 되는 대신 의료 권력에 의해 원천적으로 봉쇄되었다.

현진 그때 내가 언니한테 출산 이야기 한번 쭉 듣고 놀란 게, 진짜 나는 천국에서 애 낳았구나 그랬다니까.

가일 너는 달랐어?

현진 거기(병원)는 시스템이 갖추어져 있고 내가 신처럼 여겼던 의사와 간호사가 있었어. 간호사 초봉이 3600인가 그렇대. 그러니까 간호사들이 힘들어도 잘하려고 해. 정말 정신없이 왔다 갔다 하면서도 물어보는 거에 대해서도 기분 나쁘게 대하는 경우가 없었어.

가일 그래. 특히 내가 응급하니까 더. 일반 임산부가 아니라 조산이고 응급하니까, 상태가 불안하니까 한 번만 (의사가) 아니라고 해도 내가 "네네" 이렇게 되는 거야. 만약에 내가 그냥 자연 분만 예정인 막달 임산부면 한두 번 더 물어봤겠지. 내 성격에… (함께 웃음) … 근데 나도 못하는 거지. 내가 "오늘은 몇 킬로나 됐어요?" 묻는데 그 전공의가 "왜 자꾸 물어봐요?" 할 때, 그때 정말….

현진 말 한마디나 뉘앙스에서 사람이 상처를 받고 안 받고 그러는데….

가일 난 그 태도 자체가 참 권위적이고 폭력적이라는 생각이 들더라고. 자신의 의학적 지식을 가지고 상대의 불안을 볼모로 하고 있는 폭력인 거야.

현진 그러게, 참… 그걸 권력이라고….

가일 그래, 권력인 거지. 상대가 지금 굉장히 불안하거든. 그냥 일반 산모가 아니기 때문에 더….

현진 간호사들도 짜증이 진짜 날 법한 상황이 굉장히 많은데, 거기(병실)를 함부로 들어오는 사람들에 대해서도 덜 기분 나쁘게 내쫓고…. 늘 그런 안정감이 있었던 거 같애. 그게 연봉과 시스템의 힘이지 않았을까?

가일 그래, 그런 노동의 조건은 업무의 질에 정말 영향을 많이 미쳐. (2014. 9. 현진과의 면담)

그것은 일종의 권력 문제였다. 의료화된 출산에서 임산부들은 의료적 도움이 필요한 '환자'가 된다. 환자들에게 과학으로 인정받은 '의학적 지식'을 보유한 의료진은 권력을 가진 상대다. 그러나 과연 출산에서 우리 여성에게 의학적 지식만이 의미 있는 것일까? 출산에서 왜 의학적 지식만이 정당한 것이 되어야 하는가? 이러한 의문은 실상 나에게만 있는 것이 아니다. 임신하고 출산한 많은 여성들이 출산과 관련한 의학적 정보 외에도 일상적인 지식, 민간요법 등을 원하며 이것에 의미를 부여해 왔다.[24] 나의 어머니, 이모, 할머니에게서 들은 출산에 관한 경험과 지식들은 그 할머니의 할머니로부터 나에게로 이어져 온 소중한 삶의 지혜이며 자산이다. 많은 여성들은 임신, 출산, 육아에 대한 경험 지식들을 주위의 여성들에게서 얻는다. 이러한 여성들의 경험들은 임신한 여성의 엄마로부터, 또 그 엄마의 엄마로부터 오랫동안 전해져 온 인류사의 소중한 자산이다.

그러나 의료화 출산은 그러한 경험 지식에는 의미를 부여하지 않았으며 그 자산을 가치가 있는 것으로 여기지 않았다. 그러한 경험을 바탕으로 하는 이야기는 미처 꺼내기도 전에 저지당하기 일쑤였다. 의료화 출산 과정에서는 임신과 출산에 관한 여성들의 세대에 걸친 경험지經驗知는 의심받고, '객관적인' 의료 지식만이 옳고 가치 있는 것으로 받아들여지고 있다. 의료화 출산은 과학이 인정한 의학적 지식만을 가치 있는 것으로 여긴다. 그리고 그러한 지식을 가장 많이 보유한 의료진이 출산에 관한 전반적인 상황을 통제하며 중요한 결정을 한다. 결국, 경험이라는 소중한 자산은 "의미 없고 무가치한"[25] 것이 되어 버렸다.

"그런데 배가 왜 이렇게 작아?": 물상화

〈일화 다섯〉

수술실로 가는 침대에 누워, 수술실 앞에서 남편과 인사를 한다. 나의 손을 꼭 잡은 남편의 눈동자가 떨린다. 조무사가 침대를 밀려 하자 우리는 서로의 손을 꼭 쥐고 말없이 눈인사를 나눈다. 통제 구역의 문이 닫히고 남편의 모습이 사라진다. 조무사는 내 침대를 밀고 수술실 앞 복도에 놓더니 아무런 말없이 사라진다. 잠시 후 마취과 전공의가 와서 내 머리맡에 있는 차트를 뒤적이며 몇 가지를 묻는다. 그리고 또 간다. 천장을 바라보며 한참을 기다린다. 눈을 돌리니 누워 있는 내 눈앞으로 두 개의 수술장이 눈에 들어온다. 이제 막 수술을 끝낸 수술장에서 간호사들이 분주하게 자리를 정리한다. 선혈이 낭자한 시트를 치우고 수술 집기들을 치우는 간호사들의 모습이 보인다. 그 옆 수술장에서는 문이 열리더니 아직까지 마취에서 깨지 않은 환자가 누워 있는 침대가 밀려나온다. 난 눈을 질끈 감는다. 그동안 수많은 사람들이 분주히 내 곁을 지나갔지만 아무도 내게 말을 걸지 않는다. 난 침대처럼 침대 위에 누워 있다. 인턴 한 명이 다가와 묻는다. "전가일 씨 맞죠?" 내가 고개를 끄덕이자 간호사와 함께 침대를 수술장으로 밀어넣는다. 또 다른 인턴들이 수술장 안으로 들어온다. 인턴들이 서로 이야기를 나눈다. "수술장 어떻게 잡았어?" "내가 그냥 밀고 들어왔지!" "잘했네. 아까 그 사람 결국 수술했지? 피 봐서 좋았겠네." "응. 내가 또 수술장에 들어가면 피를 봐야 되니까." 이야기를 주고받던 인턴들이 웃는다. 그들은 내가 여기 있다는 것을 잊었던가? 그들은 마치 내가 여기 없는 것처럼 이야기를 한다. 그사이 난 수술장 침대로 옮겨 눕는다. 반신 마취를 위해 마취약을 꽂을 척추에 소독을 한다. 절개할 부위도 소독한다. 그때, 수술 부위를 절개하기 위해 소독을 하던 (아마도) 인턴이 말한다. "이 산모 몇 주라고 했지? 그래도 30주 넘었다고 안 했나? 그런데 배가 왜 이렇게 작아?" 나는 아무 말도 하지 않는다. '저 여기 있거든요. 다 듣고 있거든요' 라고 외치고 싶지만 아무 말도 하지 못한다. 나의 말이 혹 그들의 맘을 상하게 해서 혹시라도 배 속의 아기에게 조금이라도 해가 될까 봐 잔뜩 긴장한 나는 다만 숨죽여 기다린다. 남자 인턴 하나가 다시 말한다. "와~ 배가 왜 이렇게 작지?" 그러자 옆에 있던 다른 인턴이 "흠흠"거린다. 그제야 그는 내가 깨어 있다는 사실을 깜박했다는 듯 "아!" 한다. 인턴들의 대화가 그치고 그제야 수술실이 조용해진다.

아기와의 만남이라는 삶의 가장 중요하고 의미 있는 순간을 앞두고 나는 온몸과 마음이 활짝 깨어 있었다. 게다가 예기치 않은 조산 때문에 아기의 안전에 대한 걱정과 앞으로 벌어질 일들에 대한 불안으로 떨고 있었다. 나의 의식은 그 어느 때보다도 또렷했고 온몸은 세포 하나하나까지 깨어 있었다. 분명 나는 살아 있고, 깨어 있고, 잔뜩 긴장해서 떨고 있는 사람으로, 엄마로, 그리고 여성으로, 그렇게 거기에 있었다. 그러나 수술장에서 나는 마치 거기에 없는 사람 혹은 사람이 아닌 존재인 듯했다. 의료진은 내가 마치 거기에 없는 것처럼 혹은 의식이 없어 듣지 못하는 것처럼 여겼다. 의료진은 누워 있는 내가 깨어 있다는 것에 아랑곳하지 않고 이전 수술과 나의 몸에 대해 이야기했다. 그들에게 나는 침대 같은 존재처럼 대상화되는 듯했다.

이렇게 출산의 과정에서 의료진이 산모와 아기를 대상화하는 경험은 첫째 딸아이 출산 과정에서도 있었다. 딸아이를 출산한 3일 후였다. 아직 아이가 인큐베이터에 있었을 때 신생아 중환자실에서 보호자를 호출했다. 마침 남편은 호주에서 급하게 귀국한 친정엄마를 맞이하러 공항에 나가고 없었다. 시원찮은 걸음으로 조심조심 신생아실에 내려가니 신생아 중환자실의 소아과 주치의가 나에게 설명할 일이 있다고 했다. 간호사는 내가 혼자 내려온 것을 보더니 다른 보호자는 없냐고 물었다. 순간 아기에게 안 좋은 일이 생겼음을 직감했다. 다른 보호자가 지금 없다고 하자 의사는 나에게 아이가 장 출혈과 패혈증이 왔다고 설명했다.

"아기에게 어제부터 장 출혈이 보입니다. 장에 감염이 있는 것으로 추측되고 지금 아기는 일종의 패혈증 상태입니다. 출혈을 잡아야 하는데 검체가 너무 작아 검사를 하기도 여의치 않습니다. 지금 할 수 있는 일은 딱히 없고, 항생제 치료를 하면서 며칠 동안 기다리면서 출혈이 멈추기를 기다려야 합니다. 출혈이 잡힐 때까지 당분간 수유도 못합니다. 출혈이 멈추지 않으면 꽤 위험합니다."

젊은 의사는 음성의 동요 없이 말했다. 처음에 나는 순간적으로 그 '검체'라는 말을 알아듣지 못했다. 곧 이어지는 소아과의의 설명을 들으면서 문맥상 그것이 아기 혹은 아기에게서 채취한 어떤 것을 가리키는 말이라는 것을 알았다. 그 '검체'라는 말의 발음이 얼마나 이물스러웠던지 의사가 그 말을 하던 순간의 입술 움직임은 오래도록 잊혀지지 않았다. 검체라니… 검체! 나에게는 태어난 지 얼마 되지 않아 패혈증이

와서 위험한, 그러나 어떻게든 꼭 살리고 싶은 소중한 '아가'
인데 그 의사에게 아기는 온갖 의학적 검사를 해야 하는 대상
인 '검체'였다. 그나마도 그 아기는 필요한 의학적 검사들을
하기에 용이치 않을 만큼 작아서 문제였던 것이다.

　　이러한 산모의 존재와 신체에 대한 대상화는 수술장에
서만의 일이 아니다. 양수가 터져 입원한 당시부터 수술장 침
대에 이르기까지 나는 마치 물건 같았다. 나랑은 눈도 마주치
지 않은 채 차트를 보며 상황에 대해 이야기하는 전공의들, 내
가 누워 있는 침대 옆으로 와서는 아무런 설명도 없이 약물을
바꿔 놓은 간호사들, 단 한마디의 말도 없이 내 침상을 밀어
예정된 수술장 복도 앞에 '가져다 두고' 가버리는 조무사들,
그리고 수술장 안에서 발가벗겨진 채 떨며 누워 있는 나를 아
랑곳하지 않고 이전 수술이 '피를 본 것'으로 끝난 것에 대해
웃으며 이야기하는 인턴들, 그리고 급기야는 사람을 바로 앞
에 두고도 자신들끼리 '배가 왜 이렇게 작냐?'고 연신 물어보
는 수술장의 의료진…. 그들 모두에게 나는 지극히 도구화된
대상이었다. 활짝 깬 의식으로 떨고 누워 있는 나를 직접 소독
하면서도 옆에 있는 동료에게 내 배에 대해 묻고 있는 그 인
턴에게 나는 아기를 사랑하는 엄마, 여성, 인간, 현존재가 아
니라 아기를 담고 있는 배 그 자체였다. 나의 신체는 그들에게
배로 환원되고 있었다.

"절대 만지지 마세요.": 분리

〈일화 여섯〉

집도의가 아기를 꺼내는 것이 느껴진다. 아기가 힘차게 운
다. 오, 주님! 그제까지의 온갖 불안과 공포가 한 번에 가라앉
는다. 아기의 울음소리에 눈물이 주르륵 흐른다. 난 온갖 약
물로 둔감해진 손으로 간신히 호흡기 튜브를 치우고 말한다.
"아기 보여 주실 거죠?" 머리맡에 있던 마취의가 대답한다.
"지금 소아과 선생님이 아기 바로 데려가시려고 기다리고 있
어요. 처치하고 바로 데려가실 거 같아요." 아기는 당분간 엄
마와 헤어져 한 달 동안이나 인큐베이터 기계 속에서 홀로 지
내야 한다. 그 전에 한 번이라도 아기를 보고 싶다. 봐야 한다.
혼자 긴 싸움을 시작할 아기를 헤어지기 전에 한 번 보고, 안
아 주고 목소리를 들려주어야 한다. 아기가 인큐베이터 속의
외로운 시간에 엄마의 촉감과 목소리를 기억하며 힘을 낼 수
있도록…. 난 다시 한 번 힘겹게 호흡기 튜브를 치우고 마디마
디 힘주어 말한다. "딱 한 번만, 아기…, 한 번만 볼게요." 마취
의가 잠시 망설이더니 "잠깐만요" 한다. 눈짓으로 다른 의사
들과 의견을 주고받은 후 다시 말한다. "아기 체온 떨어질 위
험이 있어 안 된대요. 선생님이 바로 데려가신대요." 아기는
대기하고 있던 인큐베이터에 바로 옮겨진다. (나는 보지 못

했다) 간신히 머리를 살짝 들어 보니, 인큐베이터를 밀고 나가는 소아과의의 뒷모습이 보인다. 아기는 결국 태어나자마자 엄마와 눈 한 번 마주치지 못하고 기계에 실려 나간다. 그것을 바라보던 내 두 눈에서 눈물이 주르륵 흘러내린다. 머리 위에서 마취의가 말한다. "이제 좀 주무세요. 봉합할 동안 수면 마취할게요." 눈을 감은 후에도 아기를 보지 못한 채 출산을 마무리한 '엄마'의 두 뺨 위로는 눈물이 계속해서 흐른다.

결국 출산 직후 나는 아기를 보지 못했고 아기는 인큐베이터를 통해 신생아 중환자실로 옮겨졌다. 아기를 처음 볼 수 있었던 것은 출산 후 4일이 지나서였다. 첫 출산과는 달리 두 번째 출산 후에는 며칠간 일어나지 못했다. 약물에 의한 인공적인 자궁 수축으로 인한 복통과 수술 부위의 통증은 말할 것도 없고 두통과 오심 등에 시달렸다. 복부에 힘을 주어 일어나는 것도 몹시 힘들어서 4일 만에야 겨우 자리에서 일어나 앉을 수 있었다. 남편은 출산 직후 저녁에 신생아 중환자실을 방문하여 전신 소독을 한 후 인큐베이터 속의 아기를 만났다. 나를 위해 남편이 인큐베이터 속의 아기 사진을 찍어 왔다. 사진을 보며 어서 일어나서 아기를 만나 보리라 다짐했다. 그 4일 동안 누워서 끊임없이 기도했다. 마음속으로 아기에게 편지도 여러 번 썼다. 엄마가 같은 건물에 있으니 힘을 내라고, 조금만 더 힘을 내라고 엄마가 곧 만나러 가리라고….

　　수술 후 4일 만에 일어나 신생아 중환자실에 가서, 아기를 만나러 왔다고 했다. 그러자 간호사는 들어갈 수 없다고 했다. 입원 기간 중 직접 면회(NICU에 들어가서 아기를 보는 것)는 딱 한 번만 할 수 있는데 그 기회는 이미 아빠가 사용했으니 들어갈 수 없다고 했다. 이제부터는 오로지 하루에 두 번 개방되는 NICU의 유리창을 통해서만 아기를 볼 수 있다는 것이다. 앞으로 거의 한 달이나 아기를 볼 수 없다니! 내가 바로 아기의 엄마인데 도대체 왜 내가 만날 수 없다는 것인지, 아기가 무슨 면역 체계 환자도 아닌데 왜 만날 수 없는 것인지…. 이 분리 상황은 부당했다. 나는 더 이상 물러설 수 없었다. 이렇게 아기를 한 번도 보지 못한 채 아기를 병원에 남겨 두고 퇴원할 수는 없었다. 그러나 그 부당함을 따지면 의료진의 마음을 상하게 해서 결국 또 만날 수 없을 테다. 그래서 나는 간곡히 말했다. 나의 간곡함 때문인지, 발개진 눈으로 계속 울어 대는 모습이 불쌍했던 탓인지, 혹은 그 분리가 자신들로서도 큰 명분이 없는 일이었기 때문인지, 결국 간호사가 면회를 허락했다. 나는 가운을 입고, 마스크를 쓰고, 전신 소독을 하고, NICU에 들어갔다.

〈일화 일곱〉

나는 아기가 있는 인큐베이터 앞으로 걸어간다. 눈을 뜨지 못한 작은 아기는 기저귀만을 찬 채 호흡기를 달고, 손에는 바늘을 꽂고, 눈은 가려져 있다. 아기는 너무 작고, 예쁘고, 또 아름답다. 짧은 순간 많은 것이 스쳐 지나간다. 슬픔, 미안함, 죄책감, 누구를 향한 것인지 모를 짠한 마음…. 그 모든 것을 삼키고 난 인큐베이터 속의 아기를 향해 말한다. "동글아… 엄마 왔어. 엄마야, 엄마. 힘들지…." 나는 더 이상 말을 잇지 못한다. 계속해서 눈물이 흐른다. 난 인큐베이터에 손을 얹고 그 속에서 어떤 따뜻함, 모종의 인간적인 요소를 찾으려고 한다. 아이가 단순한 의료 기계가 아니라 어떤 인간적인 요소가 있는 곳에 있다고 믿고 싶다. 없다면 나의 손길이 그런 따뜻함을 만들어 내길 바란다. 나의 손길이 아기에게까지 느껴지길, 나의 절절한 마음과 사랑이 이 손을 통해 아이에게 전해져 아이를 따뜻하게 감쌀 수 있기를, 그래서 아기가 이 어려움을 이겨낼 수 있는 힘이 생기길 간절히 바라며 인큐베이터에 손을 얹는다. 우주의 모든 간절함을 내 손에 다 모아…. 그때 뒤에서 간호사가 황급히 말한다. "만지시면 안 돼요. 절대 만지지 마세요!" 간호사는 마치 내가 아기에게 오염물이라도 묻히려고 했다는 듯이 정색한 표정이다.

인큐베이터에 손을 얹는 나를 향해 간호사는 내가 마치 아기의 건강과 안전을 위협하는 행동을 한 것처럼 반응했다. 의료화 출산 과정에서 임산부와 아기의 분리는 일반적인 규범이다. 의료진은 '아기의 보온과 영양이 중요하다, 감염의 위험이 있다'와 같은 이유로 임산부와 아기를 분리시킨다.[26] 그리고 이와 같은 분리는 조산과 같은 고위험 출산에서는 더욱 강력한 의료적 규범이다. B병원 NICU의 임산부와 신생아 분리 규범 또한 매우 엄격했는데, 이것은 모든 면역 체계가 약하고 환경에 민감한 조산아의 감염을 방지하기 위한 것이었다. 비록 엄마의 손이라도 그것은 감염체가 될 수 있기에 간호사는 그토록 정색한 표정으로 말리는 것이다.

그러나 이 감염 위험을 경고하는 논리는 그렇게 완벽해 보이지 않았다. 간호사들은 수시로 신생아들을 만졌다. 그렇다고 간호사들이 그때마다 소독을 하는 것은 아니었다. 간호사들은 수시로 NICU 밖에 있는 보호자들을 만나러 나가기도 했고 약물이나 차트 등을 만지고 인큐베이터 속의 아기들도 만졌다. 또한 현재 많은 병원에서 병실을 개조하여 가족 분만실을 만들고 모자 동실 서비스를 제공한다. 그리고 이러한 시설이 '아기와 엄마에게 최선의 환경'이라고 이야기하고 있다. 최근 병원 간의 경쟁이 치열해지면서 소비자로서의 임산부의 요구를 만족시킬 필요가 있기 때문이다. 이렇게 볼 때, 의료화 출산에서 감염과 보온 등을 이유로 드는 '위험 담론'은 의료진의 이해에 따라 상당히 유동적이라고 할 수 있다.[27] 또한 최근에는 많은 병원이 NICU 면회를 하루 1회 이상 허락하고 있으며 임산부가 아기를 직접 안아 주는 캥거루 케어[28]를 실시하는 병원도 있다. 그러나 의료화 출산에서 이러한 '최선의 환경' 제공은 관리에 더 많은 시간과 인력이 필요한, 추가적 비용이 발생하는 의료 서비스다.

출산 후 아기와의 첫 만남에서, 신생아 중환자실의 간호사들은 내가 아기를 안아 주는 것은커녕 인큐베이터를 만지는 것도 못하게 했다. 그러나 나는 그렇게 떠날 수 없었다. 어떻게든 아기에게 엄마가 왔다는 것을 알려 주고 싶었다. 이제 내가 퇴원하면 홀로 한 달 동안을 이 기계 속에서, 온갖 기계음 속에서 버텨야 하는 아기에게 힘을 주고 싶었다. 엄마가 옆에 있으니 잘 견뎌야 한다고, 엄마는 어떤 일이 있어도 포기하지 않고 기다릴 거라고, 많은 사람들이 기도하고 있다고, 이렇게 혼자 기계 속에 남겨 두고 가서 미안하다고, 그리고 사랑한다고···. 나는 간호사가 눈치채지 못하도록 인큐베이터 한 귀퉁이를 붙잡고 기도했다. 소리 내어 말할 수도 없어서 속으로 말하면서 빌고 또 빌었다. 뱉어지지 못한 이 마음속 말들이 인큐베이터를 붙잡고 있는 나의 손을 타고 아가에게 전달되어 들리기를···. 간호사는 인큐베이터 앞에 한참을 머무른 나를 내버려 두었다. 내가 인큐베이터를 붙잡고 있다는 걸 알았 겠지만 어쩔 수 없었을 것이다. 인큐베이터 속의 아기를 보며 아무 말 없이 큰 눈을 껌벅이며 눈물만 뚝뚝 흘리고 있는 산 모에게 더 이상 만지지 말라는 말을 할 수 없었으리라. 우리는 그렇게 엄마를 단 한 번 만난(!) 아기에게 인사를 하고, 아기 를 온갖 의학적 처치로 가득한 NICU에 남겨 두고 퇴원했다.

그 후로 남편과 나는 하루에 한 번씩 NICU의 창문으로 아기를 보러 찾아갔다. 병실에 들어가서 볼 수는 없고 하루에 한 번만 개방되는 NICU의 창문 너머 인큐베이터 속의 아기를 보러 가는 것이다. 인큐베이터 속의 아기들은 서로 제대로 구 별도 되지 않아서 어떤 날은 두 눈을 부릅뜨고 바라보고 있던 인큐베이터가 다른 아기의 것이기도 했다. 그래도 멀리서 그 인큐베이터라도 보기 위해 매일매일 모유를 유축해서 찾아갔 다. 하루 한 번의 면회 시간마다 소아과 주치의는 보호자들을 만나 아기의 경과에 대해 이야기했다. 조산아는 최소 2.3킬로 그램이 되어야 퇴원할 수 있었는데 그러기 위해서는 0.5킬로 그램 정도가 더 늘어야 했다. 그러나 병원에서 아기는 0.1킬 로그램 늘기가 좀처럼 쉽지 않았다. 어떤 날은 전날보다 몸무 게가 더 빠지기도 했다. 그렇게 한 달여 정도를 NICU에 있은 후에야 겨우겨우 2.3킬로그램이 되어 퇴원을 했다.

아기는 퇴원을 한 후 집에서 지내면서 하루가 다르게 살이 붙었다. 퇴원 후 한 달 뒤에 몸무게가 4.5킬로그램이 되었고, 두 달 뒤에는 6킬로그램에 육박했다. 집에는 뺨을 부비고 품에 안아 젖을 물리는 엄마와 틈만 나면 이름을 부르며 머리를 쓰다듬어 주는 누나와, 품에 꼭 안아 목욕을 시켜 주며 얼러 주는 아빠가 있었다. 아기는 엄마의 젖과 누나의 손길과 아빠의 품 안에서 놀랍도록 빠른 속도로 살이 붙고 커갔다. 아기는 100일 만에 만삭 아가들의 평균적인 몸무게와 키를 따라잡았고, 그 뒤로는 계속 평균 몸무게를 상회했다. 조산아들이 모두 그러하듯 아이는 퇴원 후 지속적으로 미숙아 센터에서 진료를 받았다. 시신경 검사 등을 실시했던 미숙아 전문 소아과의는 6개월 만에 "더 이상 미숙아 센터에 올 필요가 없으니 이제부터 일반 소아과에서 진료받으면 된다"고 이야기해 주었다.

출산 여성의 소외와 탈바꿈

조산 임산부로서 의료화 출산 과정에서 겪는 상황이 힘들어질수록, 출산 주체인 나의 소외가 진행될수록 인간다움에 대한 갈망은 더욱 또렷하고 강렬해졌다. 그것은 내 몸이 배와 자궁으로 환원되는, 그래서 의료진이 나를 침대처럼 여기는 가장 극단적인 물상화物象化의 순간이었다. 가장 극단적인 상황에서 인간답고자 하는 나의 의지는 더욱 강렬하게 피어났으며 동시에 엄마로서 아기를 지키고자 하는 책임감도 더욱 깊어졌다. 그렇게, 하이데거가 명명한 '세계-내-존재being-in-the world' [29]로서, 세계에 내던져짐과 그 속의 한계를 경험하는 순간에도 세계로 기투企投하는 인간 존재성이 드러나는 것이다. 인간은 사회적 진공 상태로 나오는 것이 아니라 이미 복잡하게 얽힌 사회적 맥락 안에서 출생하며 살아간다. 따라서 인간은 세계에 대해 자신이 어쩌지 못하는 소주체로서 세계에 내던져진 것과 같은 존재다. 그러나 동시에 그러한 세계를 향해 자신의 존재를 던지는 적극적인 존재이기도 하다.

따라서 나의 병원 출산 경험은 소외와 물상화로 인한 부정적인 측면만 있는 것은 아니다. 우리 삶의 모든 사태에는 다양한 층위의 의미가 공존한다. 나는 나의 병원 출산 경험을 크게 두 가지 층위로 나누어 보고자 한다. 하나는 세계에 내던져진 피투被投적 존재로서의 층위이고, 다른 하나는 앞서와 같은 한계 속에서도 세계에로 자신의 존재를 내던지는 기투적 존재로서의 층위다. 의료화 출산 과정에서 피투적 존재로서의 경험은 '소외'와 '신체의 사물화'로, 기투적 존재로서의 경험은 '고통을 책임지는 엄마로서의 탈바꿈'이라는 주제어로 이해하고자 했다.

소외, 권력화된 의료 세계에 내던져진

조산이라는 응급 출산 과정은 병원의 거부로 시작되었다. 이후 입원부터 수술 결정, 수술을 통한 출산, 그리고 아기와의 만남과 퇴원에 이르기까지 모든 과정 속에서 나는 계속 배제당했다. 그것은 소외였다. 내 입원부터 아기의 퇴원까지 한 달여의 기간 동안 나는 어떠한 선택도 할 여지가 없었다. 의료진은 나에게 벌어진 사태에 대한 자세한 설명 없이 자신들의 의료적 결정만을 이야기했다. 그 모든 일의 초점은 단 하나였다. 조산 출산 시 일어날 수 있는 위험성을 차단하거나 최소화하면서 아기를 꺼내는 데 가장 효율적인 의료적 방식, 그 기준에 따라 모든 일이 진행되었다. 그 과정에서 출산이라는, 내 삶에서 가장 소중한 사건에서 나는 주인공이 되지 못했다. 그러한 의료 방식들은 나라는 여성의 몸과 마음에는 초점을 두지 않았다.

조산 임산부로서 겪은 의료화 출산 과정에서의 소외는 세 가지 현상을 통해 이루어졌다. 첫째는 임산부의 의견 제시와 질문에 대한 터부다. B병원의 의료진은 입원 초기부터 나의 질문을 불편해했고, 급기야는 두 번째 날 "아기가 몇 킬로그램이나 되었냐"는 질문에는 묻지 말라며 언짢음을 직접적으로 드러냈다. 질문을 한다는 것은 어떤 사태를 이해하고 그것을 자신의 것으로 만들어 나가는 일이다.[30] 그러나 B병원에서는 이러한 질문을 터부시하고 있었다. 임산부의 질문을, 의료진이 아닌 이가 의견을 제시하며 출산 과정에 직접 개입할 것이란 조짐으로 여기기 때문이다. 특히 분만 과정에서 고위험 상황에 직면하게 되었을 때는 의료진이 전적으로 의사 결정권자가 되었으며, 의료진의 일방적인 지시와 결정은 의료진은 물론 임산부, 보호자 모두 당연한 것으로 인식하고 있었다.[31] 둘째는 의학적 지식의 불평등과 정보의 분배 불균형으로 인한 '의료 지식의 권력화'다.[32] 입원해서 퇴원할 때까지 의료진은 나에게 과정과 처치에 대한 별다른 설명도, 질문도 하지 않았다. 의료진은 대부분 나에게 결정 사항만을 이야기했고 그 설명은 최대한 단순했다. 의료화 출산 과정에서 나의 정서나 경험, 그리고 의견은 중요하지 않았다. 중요한 것은 객관적이고 과학적인 의료 전문 지식이다. 의료화된 출산 과정에서는 과학적 전문 지식만이 고려할 가치를 지닌다. 이는 캐나다의 간호학 교수 버검Bergum의 저서《Woman to Mother》[33]에서도 잘 드러난다. 버검은 의료화 출산 상황에서 임신과 출산에 관한 여성들의 감정과 경험 지식들은 그 가치를 의심받고, 오로지 객관적인 의학 지식만이 가치 있는 것으로 여겨진다고 지적한다. 여성학자 조영미(2004) 또한 과학적이고 객관적인 의료 지식이 임산부와 태아를 위해 유용한 정보를 제공할 수 있지만, 왜 그러한 정보만이 유일하고 정당한 지식이 되어야 하는가에 대해 의문을 제기하고 있다.[34] 의료화 출산 과정에서 이처럼 '객관적이고 과학적인' 의료 지식은 그에 기대고 의지할 수밖에 없는, 그래서 철저히 약자가 되는 임산부를 통해 권력을 획득한다. 결국 임산부가 약자가 되는 조건은 더욱 견고해지고, 조산과 같은 응급 상황에 놓인 임산부일 경우 권력은 더 쉽게 작용한다.

마지막으로 병원 출산 과정에서의 여성 소외는 약자인 (조산) 임산부의 두려움을 볼모로 한다. 예기치 않은 이른 시기에 양수가 터진 그 순간부터 내 머릿속은 온통 아기에 대한 생각뿐이었다. 아기가 잘못될 수 있는 온갖 가능성을 생각하면서, 어떻게든 안전하게, 아기에게 아무런 해 없이 분만이 진행되길 빌고 또 빌었다. 그 이틀 동안, 내 생의 모든 기도를 모아도 모자랄 만큼의 간절함으로 오로지 아기를 위해서 기도했다. 아기만 괜찮다면 나는 어떻게 되든 상관없었다. 엄마의 이름을 가진 많은 여성들이 마찬가지다. 이것은 관련된 연구들에서도 드러난다. 조산 임산부들은 간호 요구에 있어서도 자신보다 태아와 관련된 것을 더 중요하게 생각했다.[35] 출산 과정에서, 특히나 조산과 같은 고위험 상황에서 여성은 자신의 안위는 안중에도 없을 만큼 아기의 안전에 대한 두려움에 사로잡힌다. 이 두려움은 여성을 엄마가 되게 하는 전인적이고도 획기적인 탈바꿈의 계기가 되기도 하며,[36] 부모로서의 초월적인 책임감을 마주하게도 한다.[37] 의료화 출산은 바로 이 두려움을 이용한다. 조산과 같은 고위험 출산 시에는 이러한 두려움이 더욱 클 수밖에 없는데, 그럴수록 임산부는 의료진과의 관계에서 약자가 되고, 의료 지식에 더욱 의지하게 되면서 의료 지식은 권력화된다. 결국은 출산 과정에서 임산부가 소외되는 현상으로 귀결된다.

배와 자궁으로 환원되는 여성의 몸

"인간의 신체는 그 신체를 파헤치고 분해하며 재구성하는 권력 장치 속으로 들어가게 된다. … 정치 해부학이 탄생하고 있는 것이다. … 그 해부학은 원하는 대로 사람들을 움직이도록 하기 위해서 어떻게 그들의 신체를 장악할 수 있는가 하는 방법을 규정하고 있다. 규율은 이렇게 복종되고 훈련된 신체, '순종하는' 신체를 만들어 낸다."

푸코Foucault, 《감시와 처벌》

병원에 처음 찾아가 스산한 처치실에서 하염없이 의사를 기다리던 때, 창 하나 없는 '고위험 임산부실'에서 밤을 지새우던 날, 말 한마디 건네지 않은 채 약물만 확인하고 필요한 주사를 놓고 가던 의료진을 볼 때, 난 내 신체가 점점 비인격화되고 있는 것을 경험했다. 이런 느낌은 분만을 위한 수술실에 들어섰을 때 최고조에 달했다. 의료진은 의식이 멀쩡하게 깨어 있는 내 앞에서 이전 수술에 대해 농담 섞인 대화를 나눴고, 심지어는 자기들끼리 내 배의 크기에 대해 평을 주고받기도 했다. 인간으로서, 여성으로서의 나는 그곳에 없었다. 수술 침상 위에 누워 있는 것은 곧 수술로 '안전하게' 꺼내질 태아가 들어 있는 배뿐이었다. 이렇게 내 신체가 출산에 초점을 둔 '배'로 환원되는 경험은, 사실 산전 검사 시부터 이미 시작됐다. 의료화 출산에서 결국 수술로 분만하게 된 나의 출산 과정은 신체의 물상화가 차근차근 진행되는 과정이었다. 이는 출산 의료화와 관련된 연구들에 담긴 다른 여성들의 사례에도 잘 드러난다. 임산부들은 의료진이 일반적인 내진을 할 때, 진행 상황을 알려 주지 않을 때, 자기들끼리 일상적인 농담을 주고받을 때 불쾌감 혹은 모욕감까지 느낀다고 했다. 한 여성은 산전 진단에 대해 이렇게 언급하기도 했다. "의사에게 나는 한마디로 구멍일 뿐이야, 내가 물건화된다고 할까…." 그러면서 "항상 진료가 끝나면 묘한 상실감을 느낀다"고 했다.[38] 의료화 출산에서 임산부들이 경험하는 신체의 물상화는 임산부들에게 스스로에 대한 연민을 갖게 하거나 임신과 출산 과정 동안 겪은 부당한 대우에 대한 분노를 일깨우기도 한다. 현진은 면담에서 인큐베이터의 아기를 처음 봤을 때 자신이 울었던 이유에 대해서 '자기 스스로가 불쌍했기 때문'이라고 말한 바 있다.

가일 그때(신생아실에서 아기를 처음 봤을 때), 왜 그렇게 울었던 거 같아?

현진 아기도 불쌍했지. 나도 불쌍하고…. (웃음) 아무튼… 글쎄, 몰라. 왜 그런지 모르지만 눈물이 막 나오데.

가일 그때 우리는 왜 눈물이 나올까?

현진 좋은 것과 힘든 것과… 또 미안하기도 하고, 벅찬 것도 있고, 그러지 않았을까요?

가일 그래서 우리가 (인큐베이터에 있는) 애기 봤을 때, 우는 게 애가 불쌍해서 우는 것도 있지만….

현진 (강하게) 나도 불쌍해!!!!

가일 그래, 내 자신이 불쌍해서 우는 거 같아. 생각해 봤더니 그때 내가 너무 힘들었던 건데… '왜 나는 나를 케어 못 했을까, 그래서 이 지경이구나' 그런 생각이 드는 거지.

현진 자책도 되고, 불쌍하기도 하고….

가일 어. 생각해 보면서 그때 맨날 아침 일곱 시 반이면 나가, 한 시간씩 운전해서 출근해 가지고 업무 다 보고, 집에 가면 또 밥하고 큰애 챙기고, 또 밤에는 공부하고…. 그러면서 사실은 엉덩이가 되게 빠질 것 같이 아팠는데, 그런데 나를 돌볼 생각은 못 했어.

현진 나도 진짜 많이 그랬는데… 근데 그냥 그 정도는 다 아프지, 남들도 다 이 정도 아프겠지, 뭐. 그런 무딘 생각….

가일 지금 내가 둘째 출산에 대해서 가지고 있는 거는, 아쉬움은 '모유를 오랫동안 못 먹였다'든지, 혹은 '내가 아기에게 뭘 못했다'든지 그런 게 아니고 오히려 나, 나… 여성인 나한테 더 초점이 있는 거지. 가장 소외받은 게 나였다는 생각. 그러니까 내가 자연 분만 못하고 수술하고 이런 게 아쉽다는 게 아니라, 그때 내가 가장 물화된 거야. 그게 참을 수 없더라고….

현진 그래서 논문을 쓸 생각을 했구나… (웃음)….

가일 그때 네가 책을 쓸 생각을 한 것처럼, 나는 언젠가 논문을 쓰리라… 이 폭력성에 대해서. 도대체 지금 나는 여기서 무슨 취급을 당하고 있는 건가? (2014. 7. 현진과의 면담)

의료화 출산 과정에서 벌어지는 신체의 물상화는 임산부를 환자화하며 시작된다. 전통적으로 출산은 가정에서 이루어졌으며 여성의 삶에서 벌어지는 매우 자연스러운 한 사건이었다. 따라서 임산부는 환자가 아니라 아기를 낳을 여성, 낳을 능력이 있는 여성으로 여겨졌다.[39] 그러나 출산을 위해 병원을 찾은 여성은 입원과 동시에 환자가 된다. 버검(1989)은 자신의 연구에서 병원 출산을 한 여성이 입원을 하면서 환자가 되어 가는 과정을 묘사한다.[40] 의료화 출산 과정에서는 입원과 동시에 수액을 투여하고, 맥박과 호흡을 실시간으로 측정하며 아기의 심음을 측정할 기계를 단다. 특히나 조산 임산부는 그야말로 고위험 환자다. 고위험 산모실에 들어가면서 정체를 알 수 없는 약물들을 달고 눕는 내게 간호사들은 소변 튜브를 달면서, 화장실도 가지 말고 가만히 누워 있을 것을 요구했다. 움직이는 것이 위험하기 때문이라는 이유였다. 하지만 검사를 위해서는 언제든지 움직이는 것이 허락되었다! 수술을 받기 전까지 나는 총 다섯 번의 검사를 받았다. 의료적 규제 논리가 매우 무색하게 느껴졌다. 하지만 나는 그들의 지시를 따라야 했다. 난 철저하게 환자가 되었다. 임산부를 환자로 만든 후, 모든 상황은 아기를 안전하게 분만한다는 하나의 목표를 향해 움직인다. 이때부터 임산부는 안전 분만을 위한 '도구적 존재'가 된다. 임산부의 존재 가치는 아기를 담고 있는 배로 철저히 환원된다.

이러한 과정 동안 나는 의료진의 지시를 따르고 나의 물화를 받아들이면서 이에 대한 의료 논리를 신체화身體化한다.

의료 논리는 나의 신체를 장악하고 나는 의료 논리가 원하는 단 하나의 목적, 아기를 안전하게 '꺼내는' 일이 원만히 이루어질 수 있도록 순종하는 신체가 된다. 이것은 푸코가 《정치 해부학》에서 권력이 어떻게 규율을 가지고 순종적인 신체를 만들어 내는가를 말한 바와 일맥상통한다. 임산부들은 의료진이 최대한 편리하게 아기를 꺼낼 수 있도록 고안된 분만실 침대 위에서 물화된다. 이렇게 의료화 출산은 여성의 몸을 철저히 배와 자궁으로 귀결시킨다.[41]

고통을 책임지는 엄마로의 탈바꿈

> "고통 자체가 아니라 고통을 감내할 이유가 없다는 것이 인간에게는 가장 견딜 수 없는 상태이다."
>
> 이수정·박찬국, 《하이데거: 그의 생애와 사상》

입원 첫날, 난 나와 아기에게 일어날 수 있는 모든 위험한 상황에 대해 생각했다. 아기는 폐가 미성숙한 채 태어나기 때문에 출산 직후 호흡이 어려울 수도 있다. 시신경이 다 발달하지 않았기 때문에 나중에 시력에 이상이 생기거나, 뇌에 산소 공급이 모자라서 신경학적 이상을 초래할 수도 있다. 그래서 두고두고 아이에게 장애로 남을 수도 있다. 그리고… 만에 하나 분만 중에 영영 잘못될 수도 있다. 아이의 죽음은 곧 나의 죽음이다. 아이에게 어떤 장애가 남아도 좋으니 아이가 태어날 수 있게 해달라고 빌고 또 빈다. 조산으로 인해 아이의 건강에 남게 되는 어떤 위험도 받아들이리라 생각한다. 강해지리라 생각한다. 내게 지금 이 통증은 물론 만약에 잘못된다 하더라도 앞으로 다가올 모든 생의 고통까지도 감내할 이유가 있다. 나는 이 아기의 엄마다. 그 모든 것을 견디다가 만에 하나 영영 잘못된다 하더라도 그 또한 받아들이겠노라 기도한다. 그리고 모든 것을 내려놓았다. 그러자 그토록 공포스럽던 그 방이 편안해지고 가슴을 휘젓던 불안이 가라앉았다. 그 순간 나는 생의 그 어떤 시간보다 존재 가능성으로 충만했다. 극한의 불안과 고통 속에서 아기와 나의 죽음으로까지 앞질러 생각해 봄으로써 나의 죽음과 존재의 의미를 떠올리며, 모든 존재 가능성을 향해 나를 연다. 아기가 잘못될 가능성과 죽음을 떠올리고, 가능하다면 그것을 나의 죽음으로 대체할 수 있기를 기도하며 나의 죽음에도 직면한다. 이 과정을 통해 결국 나는 '어떻게 살아야 하는가'라는 문제에 직면하게 된다. 그것은 하이데거(1927)가 말한 바와 같이 '죽음으로 앞질러 달려가 봄'으로써, "가장 고유한 탁월한 존재 가능을 향한 존재"로 자신을 기획 투사(projection, 企投)하는 것이다.[42]

불안과 공포를 불러일으킨 병원 출산은 오히려 나의 내

면 가장 깊숙한 곳에 있는 힘을 이끌어 냈다. 조산 상황에 대한 불안과 공포, 그리고 의료화 출산 과정에서의 소외와 신체의 물상화가 격해질수록 인간다움에 대한 갈망과 아기를 지키고자 하는 의지는 더욱 강해졌다. 나의 인간다움이 물화되는 상황에서 이제까지 던졌던 그 어떤 질문보다 더 치열한 '존재의 물음'을 던졌고 아기에게 벌어질 어떤 일도 감당할 정도로 강해졌다. 모든 결정권이 박탈당하고, 신체가 물상화되고, 앞으로의 일에 대한 불안과 공포가 나를 잠식하는 상황 속에서, 오히려 죽음으로 앞서가 봄으로써 모든 것을 내려놓을 수 있게 되었다. 모든 것을 내려놓은 나는 강해진다. 아기에 대한 그 어떤 상황도 감내할 수 있는 초월적인 책임감과 조우하면서 나는 비로소 엄마로 탈바꿈한다.

버검(1989)은 여성의 출산 진통이 그 과정에서 겪게 되는 많은 어려움과 고통의 경험을 통해 '여성'이 '엄마'로서 탈바꿈하게 되는 교육적 현상이 될 수 있음을 시사했다. 출산 과정에서 많은 여성이 극심한 진통이나 위험에 직면했을 때 '아이를 위해 죽을 수도 있을 정도의 책임감'을 갖는다고 했다.[43] 이 책임감은 자신의 생명을 던질 수 있는 준비뿐 아니라 만약 아기가 잘못되었을 때 그것을 받아들일 수 있는 준비를 포함한다. 무엇이 여성을 그렇게 강인한 존재로 만드는가? 버검은 이에 대해 일종의 변증법적 가능성으로 답했다. 이는 인간

현존재의 존재 가능성과 의지의 신비다. 가부장 사회에서 엄마가 되는 여성의 상황은 매우 복잡한 문제다. 가부장 사회에서 엄마가 된 여성은 철학자 레비나스Levinas가 이야기 한 '어린이', '흑인', '빈자'와 같은 타자다. 즉 가부장적 사회에서의 여성은 레비나스가 말한 것처럼 '힘없고, 소외받고, 우리에게 모종의 책임감을 불러일으키는' '얼굴'로 다가오는 타자다. 따라서 가부장 사회에서 여성이 엄마가 된다는 것은 큰 축복인 동시에 사회 내에서 더욱 억압받을 수 있는 계기가 된다. 이런 맥락에서 버검은 가부장적 문화에서 여성이 '엄마'라는, 책임지는 존재로 탈바꿈한다는 것은 그 자신이 타자성의 실체를 지속적으로 마주하는 것이라고 했다.[44]

또한 반 매넌(2012)은 의료적 처치가 필수적인 응급 신생아들을 둔 부모들이 그 어려움을 통해 오히려 강력한 반응이 촉구되는, 윤리적이며 교육적인 책임감을 가지게 된다고 했다.[45] 고통을 통한 성장이라는 이러한 교육적 변증법은 볼노Bollnow(1971)가 논의한, 교육에서 '위기'가 가진 의미와 다르지 않다. 그는 위기가 인간 삶에서 우연적인 것이 아니라 필연적으로 당면하게 되는 교육적 현상이라고 보았다. 위기가 심할수록, 그것을 회피하지 않고 대면하게 되면 오히려 위기가 사라진 뒤 더욱 성장하며 "참된 윤리적 존재"로 지평을 넓힐 수 있다는 것이다.[46]

의료화 조산 출산으로 인한 존재 소외와 신체의 사물화, 환자화, 그로 인한 불안과 고통이라는 위기는 오히려 나를 개별적 현존재인 한 여성에서 그 어떤 상황도 감내할 수 있는 초월적인 책임감을 지닌 엄마라는 존재로 탈바꿈하게 했다. 그것은 가부장적인 문화에서 엄마로서의 삶이 타자성의 실체를 계속해서 마주하는 것처럼, 의료화 출산이 극대화되어 나의 존재와 신체가 소외되고 사물화되는 바로 그 순간에 오히려 가장 강력한 존재 가능성으로 나아가는 교육적 변증법이었다.

또 다른 여성들의 이야기

내가 병원 출산에서 경험한 일화들은 유일하고 독특한 나만의 경험이다. 그러나 이는 동시에 한국 사회 여성들의 출산 장면마다 스며 있는 보편적 경험을 보여 주기도 한다. 그런 의미에서 나는 병원 출산에 관한 여성의 공통 감각, 즉 보편성을 위해 다른 여성들의 출산 경험을 살펴보고 싶었다. 서로 다른 출산 경험이 있는 여성들이 한데 모여 이야기를 나누면 한국 사회에서 병원 출산이 갖는 의미에 대해 보다 풍부한 이해를 할 수 있으리라 여겼다.

출산 경험에 대한 우리의 이야기를 풍부히 하기 위해 다양한 출산 배경과 경험을 가진 여성 세 명을 만났다. 국내 병원에서 세 번의 출산 경험이 있는 여성(김지영), 국내 조산원과 해외 대학 병원에서의 출산 경험이 있는 여성(최세문), 가정 출산을 했으며 간호사 경력과 조산원 운영 경험이 있는 여성(류정미)이다. 나와 김지영을 제외하고는 모두 그날 처음 만난 사이였음에도 불구하고 세 사람은 만나자마자 자신의 출산에 관해 많은 이야기를 쏟아냈다. 산전 검사와 출산 과정으로 시작한 우리의 대화는 산후 우울 경험과 지금의 의료 문화에 대한 반발, 사회가 여성을 바라보는 시각에 대한 불편한 마음까지 이어졌다. 처음 보는 성인 여성들이 마주 앉아 각자의 경험과 생각을 진솔하게 이야기할 수 있었던 것은 같은 시대를 살아가는 여성으로서의 공감과 출산이라는, 같은 사태를 경험한 데에서 오는 강한 연대감 때문이었으리라.

두 시간 반가량 진행된 대화는 크게 다섯 가지 주제로 나뉜다. 자신의 출산에 대한 경험, 병원 출산 과정에서의 의료적 처치들, 산모와 의료진의 협의 가능성, 여성이 출산의 주인공이 되기 위한 방법, 여성의 출산권 강화와 사회적 젠더의 불평등성 등이다. 면담 이후 추가적으로 필요한 부분은 서면으로 질의했다.

면담에 참여한 세 여성의 출산 관련 배경 등은 다음과 같다.

김지영(자녀 3명) 주부이며 광명 구름산자연학교 공동육아 조합장이다. 서울 모 대학의 직원으로 근무하다 두 번째 아이를 임신하며 직장을 그만두었다. 현재 세 아이를 키우는 전업주부로 지내면서 아이들이 다니는 공동육아기관의 조합장을 맡고 있다. 세 아이 모두 국내에 있는 개인 병원에서 제왕절개 수술로 출산했다.

류정미(자녀 2명) 간호대 실습 도중 대학 병원 분만실에서의 출산 과정에 충격을 받고 조산사가 되기로 결심하여, 졸업 직후 조산사 면허를 취득했다. 이후 여성 전문 병원 분만실에서 근무했다. 석사 학위를 취득한 후 간호 학생 및 예비 부모를 대상으로 강의도 했다. 모 조산원 부원장으로 근무하다 두 명의 아이를 가정에서 출산했다. 출산 후 조산원을 개원하여 자연 출산 센터를 운영했다. 현재 대한조산협회 서울지회 정책 위원장으로 활동 중이다.

최세문(자녀 3명) 보건정책연구원으로 일하고 있다. 첫째는 한국의 조산원에서, 둘째와 셋째는 미국 유학 중에 미국의 대학 병원에서 출산했다. 서로 다른 두 나라의 보건 의료 체계에서 출산한 경험으로 인해 출산 정책과 다문화 가족에 관심을 갖게 되었다. 국제 보건, 보건 의료 부분에 대한 정보 공개, 다문화 가족, 정책 평가에 관심이 많다.

나는 이렇게 낳았다

대화를 시작하며 김지영과 류정미는 나의 출산 경험에 대한 공감을 표했다. 류정미는 자신은 조산이 아니었지만 본인이 병원에서 근무를 해봤기 때문에 산모가 얼마나 막연하고 무서웠을지 공감했다고 했다.

김지영은 여러 가지 일화들 중에서도 병원에서 거부당했다는 일화가 매우 공감되었다고 했다. 김지영은 첫째 출산 전 병원을 고르는 과정 중에, 재태 기간이 30주가 넘으면 병원을 바꿀 수 없다는 것을 알고, 마음에 드는 병원을 결정하기 위해 임신 초기에 "검진을 과다하게 받아 가며 여러 곳을 옮겨 다녔다"고 했다. 첫 출산에 대한 불안감이 컸고 의료진에게 신뢰를 느끼지 못했기 때문이었다. 류정미는 의료진이 임신 후반부의 산모 진료를 거부할 명분은 없지만, 실제로 많은 의료진이 임신 후반부에 찾아오는 산모들에 대해 '이 엄마는 왜 처음부터 나한테 진료를 안 받았지?', '나한테 처음부터 진료받았던 산모면 (진료가) 좀 더 편한데, 왜 처음부터 안 받다가 왔지?', '이 엄마는 병원 쇼핑hospital shopping하는 엄마인가?' 하는 생각을 한다고 했다. 조산원을 운영했던 자신도 막달에 이르러 찾아오는 산모를 보면 "이 사람이 내게 신뢰를 갖고 얘기할 수 있는 사람인가?", "이 사람이 과연, 그 전까지 잘 해왔나?" 하는 걱정이 된다고 했다. 이러한 의료진의 입장을 듣고 나니 병원, 특히 개인 병원에서 임신 후반부에 산모를 받아 출산만을 담당할 의료진의 부담감도 일부분은 이해가 되었다.

김지영은 그렇게 여러 병원에서 진료를 보다가, 매우 지쳐 보이는 의사들에게 불안한 마음이 들어 "좀 더 활력 있는, 매우 파이팅 넘치는" 남자 의사를 찾아 진료를 받고 그곳에서 출산을 결정했다고 한다. 그런데 임신 40주가 넘자 원장은 유도 분만을 해야 한다며 유도 분만 일정을 잡자고 했다고 한다. 김지영 부부는 의사에게 이 기간을 넘겨 기다리면 어떤 위험이 있을 수 있는지 의사와 상담하기를 원했는데 거절당했다. 결국 김지영은 이 때문에 출산 직전 임신 초기에 진료를 받았던 병원으로 돌아가, 자연 진통을 기다려 출산하기로 결정했

다. 그러나 오랜 시간 진통 끝에 자궁문이 열린 후에도 아이가
더 이상 나오질 않아, 의료진의 판단에 의해 결국 수술하게 되
었다. 그렇게 첫아이를 제왕절개술로 출산한 이후 둘째는 첫
째와 동일한 병원에서, 셋째는 다른 병원에서 제왕절개술로
출산했다. 출산 과정에서 의료진이 자신의 질문에 제대로 답
을 하지 않고, 심지어 역정을 내는 것을 경험한 김지영은, 이
때문에 의료진에 대한 불신이 생겼다고 했다.

"'아기에게 무슨 문제가 있느냐?', '만일 이 기간을 넘겼을 때
내가 가질 수 있는 위험 부담은 무엇이냐?' 같은 부분을 의사
와 상담하고 싶었는데, 거절당했어요. (수술 날짜를) 꼭 이때
잡아야 하냐고 물었더니, 자기 권위에 도전하냐는 거예요. 굉
장히 불쾌해하며 분노하는데, 저희 부부가 굉장히 상처를 받
았어요. 어떻게 말문을 뗄 수도 없는데, 나의 첫아이가 어떻게
될지 모르는 상황에서 불안한데… 의사가 자기를 신뢰하지
못하고 권위에 도전한다며 화를 내고, 안 낳을 거면 말라고 하
는 거예요. 그렇게까지 하니까 우리가 그분 심기를 불편하게
만든 게 돼서, (출산이) 불안해지는 거예요. 그때 충분히 설명
을 해주셨더라면… 예컨대 '과주기면 어떤 현상이 나타나는
데, 아이가 그런 문제를 가질 확률이 있으니 위험 부담이 있더
라도 이런 방식으로 가겠다'는 식의 설명은 3분에서 5분 정도

면 충분할 텐데 그걸 안 하고 역정을 내시더라고요. 내가 뭔가 잘못했나? 그러고 나니까 이분에게 내 몸을 못 맡기겠다 싶은 거죠. 그래서 고민을 하다가, 다시 처음 병원으로 갔어요. 바짓가랑이라도 붙잡고, 이러저러한 일들이 있었다 설명을 했죠. 불안해서. (이전 병원에서) 유도 분만을 하지 않아서 생기는 문제들에 책임질 수 있냐는 말까지 들었거든요. 어떤 위험이 있는지, 내가 잘못한 건지, 아이가 문제가 있는지 알고 싶었어요. (돌아간 병원의) 선생님이 말씀이 별로 없는 분이긴 한데, "기다릴 수 있겠는데요? 유도 분만을 꼭 할 필요는 없는데, 진료는 여태 잘 받으시고 뭐 별문제 있다는 말은 안 들으셨죠?" 이러시더라고요. 기다릴 수 있는 여지가 있긴 있냐고 여쭸더니 기다릴 수도 있대요. 유도 분만 날짜를 잡고 사나흘 정도 더 기다리니까 신호가 왔죠." (김지영)

유도 분만은 병원 출산에서 드물지 않게 볼 수 있는데, 일반적으로 40주가 넘으면 산모에게 권유되는 경우가 많다. 류정미는 의학적으로 37~42주면 만삭으로 보기 때문에, 의사들이 보통 이때가 지나면 과주기 문제가 생길 수 있다고 보고 유도 분만을 권유한다고 했다. 이러한 과주기와 유도 분만 권유 문제는 산모의 출산 예정일과 관련돼 있다. 보통 예정일은 마지막 생리일을 기준으로 계산되는데, 생리 주기는 28일로 일괄 계산한다. 이는 정확한 수정일을 반영하는 것도 아니며 개인마다 생리 주기가 다르기 때문에 개별 산모에게 정확히 들어맞지 않는다. 그런데도 대부분의 의료진은 28일 생리 주기를 일괄적으로 적용하고, 그에 따라 40주가 넘으면 과주기의 위험성을 들어 유도 분만을 권유한다.

최세문 또한 과주기로 인해 유도 분만을 권유받았다. 최세문은 첫째를 국내 조산원에서 출산한 후 둘째와 셋째를 하버드의대 부속 병원에서 출산했다. 해당 병원은 37주까지 학교 안에 있는 보건소에서 진료를 받도록 하고 있는데, 출산 시 담당의가 없다 하더라도 진료 기록이 계속 축적되기 때문에 다른 의사가 분만을 하는 것이 전혀 문제가 되지 않는다고 한다. 이것은 의사 개개인의 재량이나 선택이 아니라 산모의 기록이 계속 축적되어 의료진이 서로 소통하는 의료 시스템 때문에 가능한 일이다. 최세문 또한 하버드의대 병원에서 출산 예정일이 40주가 지난 즈음에 유도 분만을 권유받았는데, 이에 대해 강력하게 이의를 제기했다. 미국의 산부인과 프로토콜 또한 예정일을 계산할 때 28일을 주기로 하고 있는데, 최세문 본인은 생리 주기가 다른 여성들보다 길기 때문에 예정일이 정확하지 않다고 판단했다는 것이다.

"저는 생리 주기가 33~35일 정돈데, 그럼 (계산보다) 일주일

쯤 더 늦어지죠. 제 경우엔 (첫째 출산은) 5월 7일이 예정일이 었는데, 17일에 출산했거든요. 미뤄진 기간에도, 저는 조산원 원장님을 믿고 있으니까 사인이 올 때까지 기다렸을 뿐 다른 걱정은 하지 않았어요. 그런데 미국에서도 28일로 계산을 하는 거예요. 그러니까 저는 항상 예정일이 빠른 거죠. 28일 기준으로 41주가 되면, 의사가 유도 분만을 해야 한다고 얘기해요. 그때 저는 '싫다, 첫째도 열흘 늦게 낳았다'고 했죠. 그러니까 다시, 양수가 줄어들 거고 아이가 대변을 보고 그걸 먹으면 또 그게 문제가 되고… 이런 것들을 얘기하더라고요. 그래도 저는 싫다고, 기다리겠다고 했죠. 협의의 과정이에요. 그러나 둘째의 경우엔 제게 겁을 많이 줘서, 유도 분만하자는 날짜에, 42주 3일 차에 했어요. 막내도 유도 분만을 하자고 하더라고요. 그래서 그때도 싫다고 했죠. 그랬더니 42주가 되기 전에, 41주 5일 차에 병원 예약은 잡아 놓자고 하더라고요. 그날 돼서 병원에 갔는데, 한인 여의사가 있었어요. 물론 한국 말은 못하긴 했지만. 그래서 그 사람과 30분 정도 얘기를 했어요. 유도 분만하기 싫다, 왜 해야 하는지 모르겠다, 이런 식으로요."(최세문)

최세문은 생리 주기상 출산 예정일이 빨리 계산되기 때문에 지금의 상황이 과주기가 아니며 아기가 스스로 나올 때를 더 기다린다고 해도 위험하지 않다는 의견을 의료진에게 계속 피력했다. 그러자 의료진은 약물이 아닌 질정제를 통한 유도 분만을 제시했고, 최세문은 이에 동의하여 41주가 지나고 질정제 유도 분만을 하게 되었다. 최세문은 이를 불필요한 '의료적 개입'으로 표현했다. 그러나 이 사례는 한국의 일반적인 병원 출산과는 다른 양상을 띤다. 분만이 임박하여 산모가 적극적으로 자신의 의견을 피력하고 의료진과 산모가 서로의 의견을 교환하여 유도 분만 방법을 협의했다는 점에서, 산모와 의료진 사이에 논의가 있었기 때문이다.

간호사이자 조산사인 류정미는 두 번째 아이를 가정에서 출산했다. 류정미는 출산 당일 여느 날과 마찬가지의 일상을 지속했다. 진통이 5분 간격으로 오기 전까지 아이는 방송을 보고, 자신은 저녁밥 짓기, 빨래하기 등과 같은 집안일을 했다고 한다. 퇴근한 남편이 딸아이와 함께 놀면서 엄마의 진통을 지켜보는 동안, 식구들에게 엄마의 출산은 자연스러운 삶의 일부이자 평화롭고 축하할 만한 기념적인 사건이 되었다. 진통을 시작한 지 네 시간여 만에 아기가 나왔는데 아기는 남편이 직접 받았다. 온 식구들이 밥 먹고 생활하는 바로 그 공간에서 동생을 만난 첫째 아이도 출산을 자연스럽게 받아들이며 자신이 누나가 된 것을 자랑스러워했다. 출산을 마친 후 세 식구는 그 자리에서 편안히 잠들었다.

그 처치는 과연 꼭 필요했던 것일까?

병원 출산에서는 많은 의료 처치가 이뤄진다. 자궁에 손을 넣어 자궁 열림 정도를 알아보는 내진, 아기의 심음을 추적하기 위한 심박동기 장착은 물론, 정맥 주사, 산통을 줄이기 위한 무통 주사, 자연 분만을 한 산모들에게 매우 부정적인 기억으로 남는 관장과 회음부 절개 등이다. 그리고 이러한 의료적 처치의 가장 극단은 바로 산모의 배와 자궁을 직접 절개해 아기를 꺼내는 제왕절개술이다.

김지영은 첫 출산에서 진통을 겪다가 결국 제왕절개술을 한 것이 꼭 필요한 조치였는지 계속 의문이 든다고 했다. 그리고 왠지 의료진이 그러한 제왕절개술을 더 선호하는 듯한 느낌을 받았다고 했다.

"첫째 때, (자궁문이) 이미 다 열린 상태였어요. 힘주면 30분 안에 아기가 나올 거라고 해서 힘을 주는데, 30분이 지나도록 안 나오는 거예요. 자세를 또 바꿔 보래요. 되게 희한한 자세로. 그래도 열심히 했어요. 그래도 잘 안 됐어요. 공 위에 올라가기도 하면서 한 시간 반이 지났어요. 그때부터 저도 불안해지더라고요. 아기가 어떻게 된 건가….

(중략) 결국 의사가 수술해야겠다고 했어요. 지금도 이 부분이 좀 그런 게, 어떤 이유로 내가 (제왕절개) 수술을 해야 하고, 그

때 내가 어떤 상태였는지에 대한 설명을 끝까지 못 들었어요. (중략) 저는 왠지, 의사들이 위험 부담 측면에서 제왕절개를 하는 걸 더 선호하는 것 같다는 생각은 했었어요. 정해진 시간에, 자신이 통제할 수 있는 환경에서 출산을 하게 되는 방법이라는 생각이 드는 거예요. 자연 분만엔 여러 위험 요소가 있고, 그게 몇 시간이 되든 끌고 가야 하는데. 이 산모가 몇 시간이 걸릴지 계속 체크하면서 출산을 진행하는 것과 특정 시간을 정해 놓고 수술하는 것과는 큰 차이가 있겠구나 싶은 거죠." (김지영)

이러한 김지영의 사례에 대해 류정미는 "충분히 자연 분만을 할 수 있었던 상황"이라는 의견을 피력했다. 조금만 더 기다리면 자연 분만이 가능한 상황에서, 의료적 개입으로 "난산을 당한" 케이스라는 것이다. 이는 산모와 아기의 생명이 위급한 응급 상황이기 때문이 아니라, '편리한' 분만을 위한 의료적 처치로 제왕절개술이 행해졌을 가능성을 말한다. 출산 시의 여러 가지 변수와 복잡한 분만 상황에서 제왕절개술이란 의료진에게 통제가 용이한 방법이다. 즉 의료화 출산 과정에서는 위험한 일이 벌어질 가능성을 사전에 차단하고 '편리'하고 '깔끔'한 분만을 위해 수술이 선호될 수 있다. 특히, 류정미는 대부분의 제왕절개 수술은 산모나 아기에게 위험하고 꼭 필요해서 행해진 의료적 처치이기보다는, 기다리면 자연 출산을 할 수 있었던 경우일 가능성이 높다고 지적했다. 류정미는 병원 출산 과정에서 행해지는 의료적 처치 중에 불가피한 것이 아닐 가능성이 높은 것들로 제왕절개, 무통 주사 처치, 회음부 절개, 약물 주입 등을 꼽았다. 덧붙여 제왕절개율에 대한 공개 정보가 비공개로 바뀌면서 제왕절개율이 다시 올라갔다는 사실을 지적하기도 했다.[47] '난산당했다'라고 표현한 것에 대해 류정미는 다음과 같이 설명을 덧붙였다.

"'난산당했다'는 표현은 통계와 연구 결과를 종합하면 충분히 쓸 수 있는 표현일 겁니다. 그 근거로 첫 번째, 제왕절개 분만율은 WHO에서 10~15퍼센트 정도를 권하며, 2014년 기준으로 OECD 평균 27.2퍼센트, 프랑스, 영국, 네덜란드 등 가정 출산율이 높은 나라에서는 20퍼센트 내외입니다. 이에 반해 한국은 2015년 40.2퍼센트(초산모 42.3퍼센트)로 매우 높은 상황입니다. 35세 이상 고위험 산모가 늘고 있다는 일부 주장이 있지만, 2000년대 들어 지속적으로 높아지는 35세 이상 산모의 증가율에 비해 한국의 제왕절개율은 2001년 40.5퍼센트였다가 정부 주도 '제왕절개감소대책위원회'의 여러 정책이 시행되는 동안 오히려 꾸준히 줄어 36퍼센트대를 유지했습니다. 그러다 정책이 중단되면서 40퍼센트대로 급격히 복귀하는 경향입니다. 두 번째, 제왕절개를 한 산모들의 경우 자신이 왜 제왕절개를 해야만 했는지 이유를 정확히 모르는 경우가 많습니다. 정말 어쩔 수 없는 상황이었는지, 아니면 다른 요인으로 인해 수술을 하게 된 상황인지 판단할 수 없는 경우가 허다합니다. 무통 마취제와 유도 분만제, 진통 시 산모의 고정된 자세, 산모의 요구 수용 거부 및 적절한 정보 부재로 인한 산모의 불안과 스트레스는 태아에게 위험 요인으로 작용하며 이로 인해 '아기가 위험해져서' 수술을 하게 되는 상황의 확률도 충분히 짐작할 수 있습니다. 즉, 출산 환경의 변화는 제왕절개율의 획기적인 감소를 이끌어 낼 수 있습니다. 세 번째, 실제로 국내에서 자연 출산을 시행하고 있는 조산원과 자연 출산 병원에서 조산사의 적극적인 지지를 받으며 산모 주도적인 출산을 하는 경우 제왕절개율이 10퍼센트 이하이며, 유도 분만율과 무통 마취 시술의 빈도 또한 일반 산부인과에 비해 매우 낮습니다. 산모와 태아의 위험 또한 매우 낮은 것으로 확인되고 있습니다. 이러한 경우 예비 부모의 자기 주도적인 출산 계획과 철저한 산전 검사 및 엄격한 산전 관리를 시행하여 산모와 태아의 건강을 최우선으로 유지하고, 출산 전 위험 요인이 있는 경우 3차 의료 기관으로 병원을 옮긴 결과이기도 합니다. 이러한 경우 불가피하게 제왕절개 분만을 시행하더라도, 어떠한 요인으로 수술을 할 수밖에 없는 상황인지를 산모와 배우자가 충분히 인식하게 되고, 최선을 다했으므로 결과

에 감사하며 충분히 만족하는 모습을 볼 수 있어요." (류정미)

자연 분만 과정에서 발생하는 일반적인 의료 처치 중 면담 참여자들이 의문을 제기한 또 하나는 바로 회음부 절개다. 우리나라 대부분의 산부인과 병원에서는 자연 분만 시 회음부 절개를 당연시한다. 회음부의 파열 및 그로 인한 감염을 예방한다는 차원에서다. 그러나 류정미는 조산원에서는 대다수의 산부들이 회음부 절개를 하지 않아도 큰 파열 없이 출산이 가능했다고 이야기했다. 최세문 또한 회음부 절개가 미국이나 우리나라 병원에서 필수적인 것으로 여겨지는 것과는 달리, 유럽에서는 일반적으로 하지 않는다고 지적했다. 실제로 유럽 문화를 따르는 호주에서도 병원 출산 과정에서 회음부 절개를 하지 않는다.

나의 친정어머니는 나를 출산할 때 네 시간 만에 자궁문이 다 열려 순산을 했다. 친정어머니는 택시 안에서 아이가 거의 다 나오는 것을 간신히 참아 가며 병원까지 갔는데, 도착하자마자 너무 급해 침대에 뛰어오르다시피 누웠다고 한다. 눕자마자 바로 아기가 나왔는데, 의사가 그 순간 동시에 회음부 절개를 하더라고 했다. 엄청난 '순산'이었음에도 불구하고, 친정어머니는 회음부 절개 봉합 부위가 잘 아물지 않아서 출산 후 한 달을 기어 다녔다고 하셨다. 친정어머니에게는 산통보다 무서운 것이 회음부 절개 후유증이었다. 회음부 절개에 대한 그런 끔찍한 경험이 있던 친정어머니는 둘째(나의 남동생)를 출산할 때는 절대로 병원에서 아기를 낳지 않겠다는 의지로, 일부러 자궁문이 거의 다 열릴 때까지 주변 사람들에게 알리지 않았다고 한다. 어머니는 자궁문이 거의 다 열릴 때까지 진통을 참으며 혼자 출산 준비를 하다가, 만출 직전에야 자고 있던 아버지를 흔들어 깨워서 동네 산파를 불러 달라고 했다고 한다. 그렇게 둘째를 회음부 절개 없이 가정에서 출산한 친정어머니는 출산 후 몇 시간 만에 일어나 앉아 보더니 "이렇게 앉아도 아래가 안 아프고 저렇게 앉아도 밑이 아프지 않은 것이 얼마나 신기한지 날아갈 것 같았다"고 하셨다. 친정어머니의 사례가 아니더라도 회음부 절개가 모든 임산부에게 반드시 필요한 의료적 처치는 아니라는 사례는 얼마든지 더 많이 있다.

병원 출산 과정 중에 무수히 일어나는, 여성의 자연스러운 출산을 방해하는 세 번째 의료적 처치는 바로 무통 주사다. 병원은 여성의 출산 과정 중에 자연스럽게 나타나는 산통을 피하거나 줄이기 위해 다양한 의료적 개입을 시도한다. 진통이야말로 출산 과정의 자연스러운 현상이자 아기가 출생을 준비한다는 신호다. 또한 모성을 촉진하는 신체적 기제가 되기도 하는데, 의료화된 출산은 이러한 산통을 없애고 최소화하는 방향으로 처치를 한다. 진통을 줄이는 대표적이고 일반적인 처치가 무통 주사다. 류정미는 무통 주사가 자궁 수축을 방해할 뿐 아니라 출산의 주체인 산부가 힘을 주는 것을 힘들게 함으로써 결과적으로 출산의 궁극적인 주인공이라고 할 수 있는 아이가 산도를 통과해 나오는 것을 어렵게 한다고 지적했다.

"무통 주사의 효과가 가시지 않으면 자궁 수축이 제대로 안 돼요. 무통 주사가 자궁 수축을 막아요. 복지부에 가서 (우리는) 될 수 있으면 무통 분만 수가를 없애 달라고 하고 있어요. 아프다고 출산 안 하는 사람 없다고 하면서요. 왜 아파야 하는지 산모들이 받아들일 수 있어야 한다고…. 우리가 사랑니 아프다고 안 뽑진 않잖아요? 출산에서 오는 고통이 어떤 가치가 있는 것인지 알 필요가 있는데, 그 고통을 없애는 데 돈을 다 쓰고 있어요. 무통 주사를 맞으면 나중에 방광 기능도 떨어져요. 저혈압도 오는데, 이로 인해 아기 상황이 안 좋아져서 수술을 해야 하는 경우도 생겨요. 수축이 안 되니까 옥시토신도 맞게 돼요. 아기 입장에서 한번 생각해 보세요. 출산의 주체는 엄마이기도 하지만, 아기이기도 하거든요. 그런데 주도권을 의사에게 빼앗긴 셈이에요. 아기는 엄마 상황에 따라 움직여요. 엄마가 힘들어하면 잠시 쉬고, 괜찮아지면 또 움직이고. 자연주의 출산은 이에 맞춰서 진행해요. 그런 과정에서 아기에게 정말로 문제가 생길 것 같다 싶으면 그때 가서 수술하면 돼요. (중략) 산모들은 보통, 자연주의 출산을 하면 안 아플 것이라는 환상을 갖고 와요. 편안하게 낳을 것이다. 항상 너무 좋다는 평을 듣고 오니까. 근데 그런 환상을 갖고 있다가 뒤통수를 맞으면 당황하게 돼요. 생각보다 너무 아프면, 내가 생각했던 게 아닌데 하면서 도망가고 싶은 마음이 들어요. 저는 이걸 늘 직면하라고 얘기해요. 내가 지금 얼마나 아프고, 어떤 상태에 있고, 앞으로는 아이가 나오면서 더 좋아질 거니까 이 상황에 직면하라고요. 절대 안 아픈 것이 아니라고.

(중략) 모성이라는 건, 외부의 약물 투입 없이 자연 출산을 했을 때 가장 커져요. 그건 호르몬적 요인이에요. 그런데 약을 쓰면, 인공적으로 투여되는 게 있으니까 자연스럽게 나오는 호르몬이 줄어요. 그럼 산모가 아기에게 가지는 애착도 자연스럽게 줄어요. 우리가 섹스할 때 나오는 옥시토신이라는 호르몬이 자궁 진통 시 나오는 호르몬이랑 똑같은 거예요. 이 옥시토신이 충만하면 산후 회복에도, 모유 수유 시에도 좋아요. 그 영향은 아기한테도 가고요. 아기도 나를 원하게 돼요. 모아(母兒) 애착이 형성되는 게 이렇게 중요한데, 우리는 무통 약물을 투여해 그 옥시토신이 분비될 기회를 줄이는 거예요." (류정미)

류정미는 산통은 산부에게 필연적인 것이라고 지적했

는데, 이러한 진통이 아이에게는 스스로의 힘으로 세상에 나올 수 있도록 하는 동력이고 산모에게는 아이와의 애착이나 모성을 더 잘 형성하도록 돕는 힘이라는 것이다. 이와 같은 산통의 의미는 일찍이 출산에서 여성이 경험하는 통증의 의미를 재해석했던 관점에서도 생각해 볼 수 있다. 켈핀(1984)은 우리 사회에서 통증은 '나쁜 것', '줄여야 하는 것', '위험한 것', '안 좋은 결과를 일으키는 것'으로만 생각되어 현대적 병원 분만이 산통을 줄이는 쪽으로 의료적 개입을 하고 있는 점에 반문하면서, 출산에서의 산통의 의미를 재해석했다.[48] 출산 시 여성이 경험하는 산통이라는 통증은 '줄여야만 하는 나쁘고 위험한 것'이 아니라 개별적 현존재로서의 여성이 타인을 자신의 몸으로 책임지는 존재인 엄마로 탈바꿈하게 하는 계기이고, "인간 삶의 순환의 신비를 알게 하는 자리"로 여성을 이끈다고 했다.

병원 출산 과정에서 협의는 안 되는 걸까?

내가 조산 과정 중에 겪은 여러 가지 경험 중 가장 이해가 되지 않았던 부분은 질문을 터부시하는 의료진과 주요한 결정에 대한 협의의 불가능성이었다. 나는 아기의 상태와 수술 시기 등에 관해 의료진의 전문적 의견을 듣고 나도 함께 고민하는 협의의 과정을 거칠 수 있기를 바랐지만 질문은 처음부터 거부되었고, 의료진과의 협의는 불가능했다. (이에 대해) 김지영, 류정미와 최세문 또한 같은 의견이었다. 김지영은 40주가 넘자 유도 분만을 권유하는 의사에게 그 이유를 물었으나 제대로 답을 들을 수 없어서 결국 병원을 바꿨다. 최세문은 미국의 대학 병원에서 둘째와 셋째를 출산할 때 유도 분만을 권유받았지만 자신의 의견을 적극 피력했다. 결국 유도 분만 자체를 피할 수는 없었지만 의료진은 그의 이야기를 듣고 대안을 제시했다. 우리는 그 정도의 협의도 미국이었기 때문에 가능한 것이었다는 데에 의견을 같이했다. 국내 병원에서라면 그렇게 적극적으로 자신의 의견을 피력하기 어려웠을 것이다.

이와 같이 국내 병원 출산 과정에서 의료진이 산모들과 협의하는 문화가 척박한 이유에 대해 최세문은 의료진이 일종의 방어 의식을 가지고 있는 것으로 보았다. 의료 지식을 바탕으로 환자를 통제하는 의사들의 입장에서는 산모의 질문을 받고 협의한다는 것 자체가 통제권의 상실로 느껴질 수 있다는 것이다.

"(미국에서) 셋째를 출산할 때 상담을 30분 정도 하면서, 제가 아는 얘기들도 같이 했죠. 저도 나름대로 보건 정책을 공부하기도 했고 한국과 미국 출산 경험이 모두 있으니까요. 사실 둘째 때는 의사가 저에게 강요한다는 느낌을 받았어요. 제가 유도 분만을 안 한다고 하고, 일주일 뒤에 진료 예약만 하고 집에 왔는데 의사가 전화를 한 거예요. 불안했는지 어쨌는지는 모르겠지만, 아무리 생각해도 다시 병원에 와야겠다고. 그렇게 출산을 했던 케이스였죠. 당시 영국 옥스퍼드에 있던 의사 친구가 있었어요. 제 얘기를 했더니, 영국 NHS(National Health Service, 한국의 국민건강보험공단 같은 기관) 홈페이지에 들어가 보라고 하더라고요. 봤더니 출산일 계산을 할 때, 직접 주기를 입력하고 계산할 수 있도록 해요. 그렇게 계산해 보면, 출산 예정일과 실제 출산일이 맞는 거예요. 그러니까, 저는 쓸데없이 유도 분만을 두 번이나 한 거죠.

(중략) 저는 또 하나 말씀드리고 싶은 게, 물론 제가 다녔던 병원(하버드대학 부속 병원)이 대부분 고학력자가 많이 가는 환경이라 이런저런 부분을 많이 얘기할 수 있었겠지만… 한국에서는 환자가 그런 얘기를 하면, 의사가 오히려 고압적으로 나가는 자세가 있잖아요? 그게 의사들에겐 자기 권위에 대한 방어 의식인 것 같은데, 이렇게 해야 계속 환자를 자기 뜻대로 할 수 있다는 부분이 있는 것 같아요." (최세문)

또한, 류정미는 한국에서 산모와 의료진 사이의 협의가 어려운 이유가 첫째, 개업의들이 낮은 진료 수가로 인해 충분한 시간을 상담에 쓸 수 없는 문제, 둘째, 전공의 교육 과정 및 이후 전문의 과정에서의 업무 과다, 셋째, 전인적holistic 관점에서 오는 산모들의 요구에 대한 이해 부족, 넷째, 서양 의학 외의 치료적 관념에 대한 보수성 등 때문이라고 이야기했다. 의사들이 산모들의 질문에 모두 답하거나 산모가 원하는 만큼 충분한 시간을 두고 의견을 주고받는 협의가 현실적으로 어렵고, 산모들이 얘기하고 싶어 하는 의견의 범위와 의사들이 일반적으로 수용하는 정도의 범위 간에 분명한 차이가 존재한다고 지적했다. 한국의 병원 출산에서 산모와 의료진의 협의를 어렵게 하는 의료진의 문화적 배경에 대해 우리는 다음과 같은 이야기를 나누었다.

전가일 저는 또 예전에는 이런 생각도 해봤었어요. 의사들이 전반적으로 일부러 산모를 객체로 대하려고 하는 게 아닌가. '산모를 협의의 대상이 아니라, 인간 대 인간이 아닌 정말 객체로 대하도록 어떤 훈련을 받았나?', '의술을 행할 때, 감정을 모두 제하도록 하는 훈련이라도 일부러 받는 게 우리나라 의학계의 문화인가?' 하는 생각이요.

최세문 저는 일부분 동의할 수 있을 것 같아요. 간호사였다가 의사가 된 친구도 있고, 원래부터 산부인과를 준비해 의사가 된 친구도 있는데… 그런 친구들이랑 얘기를 해보면, 너무 바쁘다 보니까 그렇게 변하는 부분도 있다는 거예요. 산모이긴

하지만 나의 환자일 뿐인 것이지, 중요한 인생 경험을 한 사람이라는 생각을 못하는 거죠. 그럴 여유가 없는 거죠.

류정미 간호학과는 의학적 지식을 기반으로 사람을 정신적, 신체적, 영적, 사회 문화적인 총체적인 관점으로 돌봐야 할 존재로 대해야 된다고 배워요.이와 달리, 의학에서는 인체를 보다 세분화해서 각 부분에서의 의학 기술을 더욱 발달시키고 있죠. 각 과에서도 전문 분야가 다시 나눠지고 있듯이…. (중략) 대학 병원과 분만실에 일이 너무 많은 것도 문제예요. 사람과 공감하고, 챙기는 것은 사실 시간이 오래 걸리잖아요. 그런데 그럴 여유가 없는 거죠. 힘드니까 그럴 수밖에 없어요. 그래서 사실 상담도 수가가 붙어야 해요.

전가일 말씀하시는 걸 듣다 보니, 의대에서 환자를 객체로 대하라고 가르치지 않더라도 학문의 지향 자체가 통합적으로 사람을 보는 게 아니라 분절적으로 보는 것에 초점을 두니까, 그런 데 익숙해지다 보니 사람을 대하는 것도 분절적으로 변하는 게 있을 것 같아요. 이런 것이 진료 환경이나 진료 수가 같은 의료계 현실과 복합적으로 작용해서 이런 문화가 생길 수 있겠네요. (면담 중)

그동안 나는 병원 출산 시의 조산 과정에서 의료진의 질문에 대한 거부감, 산모에게 의견을 묻지 않고 협의를 하지 않는 문화, 그리고 나를 의식 없는 존재처럼 물상화하는 의료진의 태도가 혹 수련 과정에서 일부러 훈련받기 때문인가 생각하기도 했었다. 환자를 개별적 인간으로 대하는 것이 오히려 치료에 방해가 될 수 있는 것으로 보고, 일부러 환자를 대상화하고 객체로 대하도록 훈련받을 수도 있다고 생각했던 것이다. 그런데 류정미와 최세문과의 대화를 통해 이것이 훈련 때문이 아니라 교육 과정에서 경험하는 학문의 지향점 자체가 사람을 통합적으로 보기보다 세포로, 질병과 치료에 관련하여 부분별로 나눠서 봄으로써 사람을 대하는 관점이 자연스럽게 분절적으로 변하는 측면이 있음을 알게 되었다. 그리고 이런 관점이 진료 수가와 같은 의료계 현실과 복합적으로 작용하면서 그러한 태도와 문화를 가지게 되었으리라는 생각도 들었다.

그러나 그러한 배경과 구조적인 어려움을 감안하더라도, 협의 가능성이 희박한 한국의 병원 출산 문화는 출산권을 위협하는 매우 강력한 요인으로 작용한다. 의료진이 산모인 여성들의 질문을 무시하거나 터부시하는 것은 일종의 전문가적 폭력이다. 이러한 의료진의 태도는 훈련받은 의료적 지식만을 과학적이고 '귀한' 유산이라고 여기는 지식의 배타적 권력화의 산물이다. 그러나 출산 과정에서 의사들이 대학에서 배웠던 교과에 있는, 일명 과학적 지식만이 중요한 것은 아니다. 선조들로부터 전해져 내려오는 구전적인 경험지 또한 우리 여성들에게 매우 귀한 유산이다.[49] 따라서 산모의 질문에 대한 터부와 의견을 묻지 않는 태도는 곧 여성들이 가진 다양한 경험지들을 미신으로 치부해 의료진의 의료적 지식에만 권위를 부여하는 지식 권력의 행사다.

그러나 병원 출산에서 여성들이 생각하고 바라는 협의는 그렇게 어마어마한 것이 아니다. 병원 출산 과정에서 여성들이 흔히 가지는 대부분의 질문과 바람은 의료진의 전문 영역을 침범하는 전문적인 것이 아니다. 산모들은 지금의 상황이 얼마나 응급한 것인지, 자신들이 잘 알지 못하는 의료적 상황은 무엇인지, 혹은 이 과정에서 이 처치가 과연 꼭 필요한 것인지, 그러지 않는다면 어떤 위험이 있는지를 알고 싶을 뿐이다. 그 과정에서 전문가인 의사의 설명과 의견을 듣고 조율할 수 있는 부분이 있다면 자신이 원하는 것을 이야기하고 싶은 것으로, 사실 대부분 매우 소박한 것들이다.

실제로 김지영은 세 번째 출산에서 만났던 의사를 자신을 가장 존중해 준 "인간적인" 의사로 기억하고 있었다. 제왕절개 수술에서 마취 방법을 선택할 수 있도록 해준 것이 결정적인 이유였다. 의사가 브이백(VBAC, 제왕절개 후의 자연 분만을 의미)을 하지 못한다고 해서 제왕절개 수술을 하게 되었는데, 전신 마취와 반신 마취 중 선택할 수 있었다는 것이다. 김지영은 질문과 협의가 가능했던 첫 번째 의사라며, 당시를 가장 만족스러운 병원 출산 경험으로 이야기했다. 의사는 자신이 브이백에 대해 공부를 하지 못해 산모를 도와줄 수 없다고 말했는데, 그런 의사의 솔직한 태도가 의사로서의 권위를 잃게 한 것이 아니라 오히려 "인간적"으로, 또 "여유 있고 자신감 있는" 모습으로 보였다는 것이다. 또한 그 의사는 진료 시 늘 "질문이 있냐"고 물었는데, 그런 의사를 처음 만났다고도 했다.

"(둘째까지 제왕절개로 출산한 후) 셋째 낳을 땐 자연 분만을 하고 싶더라고요. 근데 저희 동네에서는 브이백을 할 수 있는 의사가 없어요. 원정을 가야 한대요. 안산, 안양 등…. 근데 아이 둘을 데리고 갈 수 있겠나 싶더라고요. 남편도 첫째면 어떻게 시도해 볼 텐데, 셋째는 위험 부담이 너무 크다고 하고요. 그런데 의사 선생님도 자기는 브이백에 대해 공부를 하지 못했으니 산모를 도와줄 수 없다고, 그렇게 솔직히 말씀하셨어요. 인간적이잖아요. 셋째 출산이 저는 가장 인간적이었다고 생각해요. 선생님이 되게 여유로운 분이었거든요. 늘 질문 있냐고 물어봐 주시기도 했어요. 그래서 제가 첫째와 둘째 때 마취 방식이 굉장히 마음에 안 들었다는 얘기를 했었어요. 둘째 같은 경우엔 묻지도 않고 전신 마취를 했거든요. 선택의 여지가 없다는 데에서 부당함을 느꼈는데, 이 병원은 어떠냐고 물었죠. 그랬더니 원하시면 선택할 수 있는데, 이전 병원에서도 거기서 주로 하던 방식으로 진행했을 거라고 하시더라고요. 저는 전신 마취에서 깼을 때가 너무 고통스러웠거든요. 고통 속에서 눈을 뜨는 거니까. 그걸 몇 시간 동안 견뎌야 하니까. 그래서 셋째 때는 하반신 마취만 하겠다고 했죠. 마취 방식을 선택할 수 있었어요. 그건 제가 선택한 거예요." (김지영)

의사는 자신이 할 수 있는 부분과 할 수 없는 부분을 드러내 설명해 주고 산모에게 질문의 기회를 줌으로써 의료진의 권위와 신뢰를 동시에 얻을 수 있었다. 김지영의 사례에서 보는 바와 같이 병원 출산 과정에서 여성들이 바라는 의료진과의 협의는 그리 거창한 것이 아니다. 모든 인간관계에서 가장 기본적이고 당연한 권리인 '질문의 기회'를 갖는 것이다. 의료진이 상황에 대해 솔직하게 설명해 주고, 그에 대한 여성의 의견을 귀 기울여 듣고, 가장 좋은 판단을 할 수 있도록 숙고해 주길 바라는 것이다. 그것은 전문가의 영역을 침범하고자 하는 의도도, 자신과 아기의 몸을 다룰 의사에게 도전하고자 하는 바도 아니다. 자신과 아기의 생명과 몸, 삶에 큰 영향을 미칠 의료적 결정을 함께하고 싶어 질문을 하고 자신의 바람을 이야기하는 것, 그 누구를 통해서도 아닌 바로 자신의 몸으로 출산을 하는 현존재로서의 여성에게 그것은 본능적인 것이고, 천부적인 권리다. 여성이 출산 과정에서 자기 몸의 주인이자 출산의 주체가 될 수 있어야 비로소 "분만을 당하는 delivery" 것이 아니라 "출산을 하는give birth to" 것이 될 수 있다.

여성이 '분만당하지' 않고 '출산하기' 위해서는?

그렇다면 의료화 출산 과정에서 여성이 분만을 '당하는' 객체화된 존재가 아니라 주도적으로 출산을 '하는' 주인공이 되기 위해 필요한 것은 무엇일까? 최세문은 이를 위해 무엇보다 필요한 것으로 임산부인 여성의 자각과 인식의 전환을 꼽았다. 여성들이 임신과 출산을 의학적인 처치가 필요한 어떤 '질병'이 아니라 여성 삶의 자연스러운 일부로 봐야 하며, 여성 스스로 출산의 주체가 될 수 있도록 공부해야 한다고 강조했다.

> "저는 산모 스스로도 공부를 해야 한다고 생각해요. 제가 (첫째 출산 시) 조산원에 가게 된 것도, 대학 병원에서 실습할 때 산모들이 분만을 '당한다'는 느낌을 받았기 때문이에요. 당시 프랑스 의사인 미셸 오당(Michel Odent)의 《농부와 산과 의사》를 읽기도 했고요. 그 책에도 아까 말씀하신 무통 주사 내용 같은 여러 역학 연구들이 담겨 있어서, 그런 것들을 보고 조산원에 간 거예요. 내가 무장을 하고 가더라도, 그걸 의료인이 받아 주지 않으면 또 흔들려요. 산모 스스로, 내 인생에서 정말

중요한 일이니 스스로 하겠다는 마음가짐을 갖고, 공부도 해야 해요. 이런 무장이 없으면 사실, 한국 사회에선 많이 힘들죠. (중략) 출산을 하는 주체가 여성인 만큼 여성이 출산의 주체가 되기 위한 공부가 많이 필요해요. 진료받다가 모르면 의료진에게 물어보고, 궁금하면 찾아보고, 임신 준비 과정부터 주체적인 건강 관리를 하는 등, 여성 본인이 '임신과 출산의 중심은 나'라는 주체성을 갖고 공부를 많이 했으면 좋겠어요. (중략) 저는 출산을 '의학적으로 해결해야 할 질환'이 아니라, '여성의 삶에서 거쳐야 하는 중요한 경험'으로 인식해야 한다고 생각해요. 출산의 의료화가 지난 100년 동안 고착화되면서, 산모는 출산에서 소외되어 왔지요. 출산이 병원에서 고쳐야 할 어떤 문제가 아니라 산모가 중심이 되어야 하는, 산모에게는 중요한 인생 과업이라는 사회적인 인식 전환이 필요해요." (최세문)

류정미 또한 산부의 자각과 함께 의료진에 대한 요구와 목소리 내기가 중요하다고 지적했다. 여성이 진정한 출산의 주체가 되기 위한 변화는 의료계가 아니라 여성들의 자각과 당당한 요구로부터 시작된다는 것이다. 이와 더불어 류정미는 의사에 대한 과도한 사회적 기대를 조절해야 할 필요도 있음을 지적했다. 우리 사회는 의사들을 일종의 신으로 보고 모든 것을 해결해 줄 것으로 기대하는데, 그 기대에 부응하려는 의사는 모든 것을 해결할 힘이 있는 것처럼 과시하고, 이것이 결국 의료화 출산 과정에서 의사들을 더욱 권위적으로 만드는 측면이 있다는 것이다. 이는 결국 의사와 산부 모두 서로가 서로를 소외시키는 것으로 이어질 수 있다.

"사회는 이미 조금씩 변하고 있다고 생각해요. 절대 의사들이 먼저 변하지 않아요. (초기에, 출산권에 대한) 개개인의 외침은 되게 작았지만, 다큐멘터리 등이 나오면서 많은 산모들이 공감을 했던 거예요. 물론 스스로 '당한' 것들을 뒤늦게 알았지만. 당시엔 싫더라도 어쩔 수 없이 따랐던 것들인데, '다큐멘터리에 이런 내용들이 나오네?', '외국에서 아기를 낳은 친구들 얘기들은 한국이랑 또 다르네?' 이렇게 자각하게 되는 거죠. 요즘은 또 인터넷이 있으니까 여러 정보를 쉽게 얻잖아요. 산모들의 요구가 점점 늘었어요. 요구를 하니까, 서비스 차원에서 병원도 좀 바뀌어야 하는 거예요. 그래서 회음부 절개도 예전보다는 덜 하고….

(중략) 먼저 아기와 산모가 힘을 합쳐 함께 출산에 임한다는 인식이 선행되어야 하고, 가족과 상의하여 본인들이 생각하는 출산을 계획하여 의료진에게 당당히 요구하고, 함께 협의해 나가야 해요. 실제로 출산 3종 굴욕인 관장, 제모, 회음부

절개의 경우, 많은 산모들이 일반 산부인과에서 하지 않았으면 좋겠다고 요구해서, 제모 시행은 줄었고, 관장과 회음부 절개는 산모에게 해야 하는 근거를 설명하고 승낙을 받는 경우가 늘고 있어요. 또한 진통 시 태아에게 특별한 위험이 감지되지 않은 상황이라면, 태아의 진행 상태에 따라 산모의 체위는 연속적으로 변하게 돼요. 산모의 몸이 원하는 대로 걷거나 앉거나 엎드리는 자세를 취한다면 출산의 성공률은 더욱 높아져요. 남편과 의료진의 격려를 받으면 산모의 호흡은 안정되고 태아는 더욱 힘을 내 건강한 출산으로 이어질 수 있어요. 산모의 자율성을 충분히 존중해 줄 때 보다 안전한 출산이 이루어질 수 있다는 인식을 가지고, 계속 요구해야 해요. 소비자가 변하면 공급자가 변하듯, 대다수의 산모가 요구한다면 의료화 출산 환경도 따라서 변하게 될 거예요.

(중략) 안타까운 게, 우리는 보통 의사를 사람으로 잘 안 봐요. 한국 사람들 인식에 의사는 신이거나, 문제를 해결하지 못하면 '능력 없는 사람'이에요. 우리가 바라는 의사는 모든 걸 해결해 주고 포용해야 하는 존재인 건데, 의사도 사람이잖아요. 우리는 인간적인 대우를 받길 원하면서, 과연 의사는 인간으로 보고 있는가 하는 지점은 좀 의문이에요. 의사의 근무 환경은 되게 비인간적이에요. 그리고 그 자리에 오기까지 엄청난 시간과 돈을 들였는데, 정작 우리가 내는 비용은 그에 비하면 되게 적

죠. 저는 이 부분도 같이 바뀌어야 한다고 생각해요." (류정미)

출산권을 보호하기 위해서는 위와 같은 인식 전환 및 자각과 더불어 출산 과정에서의 실제적인 수고를 감안한 현실적인 진료 수가 책정과 같은 의료 구조적 문제의 해결도 필요하다. 지금의 낮은 진료 수가와 적은 인력으로 많은 산모들을 케어해야 하는 병실 환경에서는 산모들의 질문을 받아들이고 의견을 묻는 협의 방식으로 산모를 존중할 여력이 없는 셈이다. 아이가 나오는 그 순간에만 의료적인 수고가 들어가는 것이 아니라 아기가 나올 때까지 기다리고, 격려하고, 지켜보는 과정에서의 수고들을 인정받지 못하는 지금의 의료 현실에서는 의료진이 그러한 수고들을 감내하기 어렵다. 그러나 이러한 진료 환경과 의료의 구조적 문제는 병원을 찾는 산모들이 쉽게 알 수 있는 부분이 아니기 때문에, 결국 산모에게는 의료화 출산의 부정적인 기억으로 남게 된다. 우리의 인식 못지않게 우리가 처한 물리적 토대 탓에 여성과 의사가 서로를 소외시키고 있는 셈이다. 실제로 면담 시 김지영은 예전에는 의사들이 왜 환자의 입장을 고려하지 않는지 답답하기만 했는데, 의사의 입장에서는 그 일이 또 달리 보일 수 있다는 걸 알게 되었다고 했다.

김지영 출산 이후 소아과를 다닐 때도, 의사들에게 이야기 많이 한다고 혼날 때들이 있었어요. 이런 것들이 이해가 안 돼서 주변에 의사 부인에게 얘기한 적이 있는데, 그때 그 친구가 그러더라고요. 제가 더 이해가 안 된다고. 어떻게 의사들에게 그렇게 얘기를 할 수 있냐고. 의사들이 처한 근무 환경은, 보호자의 감정을 일일이 케어할 수 있을 만한 것이 아니라는 거죠.

류정미 그런데 그걸 일반인들이 어떻게 아냐고요.

김지영 그렇죠. 저도 그 말을 듣기 전까진 몰랐어요. 의사의 근무 환경에 대해선 생각해 보지 않았죠. 한편으로는 '내가 돈을 내면서 그런 부분까지 생각해 줘야 하나?' 싶기도 하고요.

류정미 그런데 그 돈이, 의사 입장에선 사실 되게 적은 것이더라고요.

김지영 우린 한 3천 원 정도 내는데, 3만 원 정도 받기를 원했나 봐요.

전가일 이야기를 듣고 보니 의사와 환자 모두가 서로를 소외시키고 있는 것 같아요. 의사도 자신들을 좀 내려놓을 필요가 있는데…. 아까 (김지영 씨가) 셋째를 낳았던 병원 원장님처럼, 자신이 할 수 없는 것들에 대해선 인정하고 얘기할 수 있어야 하는데 한국 사회에서는 그게 잘 안 되는 거예요.

류정미 '내가 허점을 드러내면 죽는다', 그런 생각인 거죠.

전가일 네, 그러면 권위가 떨어진다고 생각하니까. 그러니

의사는 의사대로 환자는 환자대로 소외당하는 셈인 것 같아요. (면담 중)

또한 여성이 대상화되는 분만이 아닌, 여성이 주인공이 되는 출산을 위한 전제 조건으로 사회 경제적 토대를 배제할 수 없다. 많은 산모들이 존중받을 수 있는 출산을 원한다. 그래서 가족 분만이나 르봐이예식(만출 당시 조명을 어둡게 하고, 출산 이후 바로 탯줄을 자르지 않고 아기를 엄마 가슴에 올려 두고 기다리는 출산 방법) 출산이 가능한 병원을 찾지만, 고가의 병원비 때문에 포기하곤 한다. 의료화 출산 외에 다른 방식의 출산 방법, 즉 조산원 출산 등을 고려하기도 하지만 이 또한 형편이 안 되어 선택하고 싶어도 선택할 수 없는 상황이 생기는 것이다. 이른바 '자연주의적 출산'이 훨씬 많은 비용이 들어가는 고급 출산법이 되었기 때문이다. 즉, 산모가 자신을 출산의 주인공으로 인식하고 주체로서 출산에 임하고자 최선의 방식을 선택하고 싶어도 경제적 기반 때문에 선택할 수 없는 지금의 출산 상황에서는 여성에게 선택의 자유가 없는 셈이다. 즉, 지금의 출산 상황에서는 '건강 형평성' 문제가 부각된다.

전가일 선택의 가능성, 이게 잘못하면 겉으로는 여성이 선택할 수 있는 것처럼 보여도 실질적으로는 그렇지 못한 사회 구조가 있다고 생각해요. 예를 들면, 저 같은 경우도 진료 수가가 낮아서 이 의사가 나를 이렇게 대한다면, 돈을 더 내서라도 좋은 서비스를 받고 싶어요. 근데 그게 어떤 사람들에겐 하고 싶어도 못하는 일이 될 수 있잖아요. 제 지인은, 제 조산 출산 경험을 먼저 듣고 나서 일부러 이 분야에서 최고라는 병원으로 찾아갔어요. 누구나 다 그런 분만 환경에서 아이를 낳고 싶겠지요. 그 친구가 출산으로 그 병원에서 쓴 돈이 천만 원이 좀 안 된대요. 아기의 인큐베이터 비용까지 모두 합친 것이긴 했지만. 그런데 그런 고가의 출산을 원한다고 아무나 할 수는 없잖아요. 정말 산모들이 주체적으로 선택할 수 있는 환경이 되려면, 사회가 이런 부분들을 어느 정도 받쳐줘야 한다고 생각해요. 사회적 인프라나 이런 부분은 의료진 개개인이 절대 해결할 수 없는 거죠. 모든 여성이, 자신이 꿈꾸는 출산을 선택할 수 있는 사회가 됐으면 좋겠어요. 조산원이든 병원이든. 근데 이게 경제적인 부분하고도 연관돼 있으니까 아주 구조적인 문제죠.

최세문 그런 걸 '건강 형평성'이라고 하거든요. 첫째 출산을 할 때, 저 같은 경우 조산원에서는 29만 원 나왔어요. 건강 보험 혜택받고, 강아지가 출산하는 것보다 적게 나온 셈이에요. 당시(2005년쯤) 자연 분만은 70만 원쯤 됐으니까요.

류정미 근데 지금은 그게 뒤집혔어요. 자연주의 출산이 (병원 출산보다) 훨씬 비싸요. 예전엔 조산원이, 물론 실제로는 의식 있는 사람들이 오긴 했지만, 사회적 인식은 '가난한 사람들이 오는 곳'이라는 느낌이 있었어요. 지금은 조산원도 훨씬 많은 서비스를 제공해요. 조리원도 마찬가지예요. 시설이 좋아야 사람들도 오니까요. 그런데 여기에 들어가는 시간과 노동력에 비해 수가는 낮죠. 내가 지치면 출산을 도울 수가 없어요. 저 같은 경우, 출산 예정 산모를 어느 정도 받고 나면 마감을 했어요. 제가 지치면 산모들을 제대로 케어할 수 없으니까요. 항상 24시간 깨어 있어야 하니 그 부분에 대해선 개인이 부담해야 할 비용이 늘어날 수밖에 없죠. 사실 굉장히 문제인 거예요. 가정 출산인 경우도 100~200만 원 정도 들어요. 돈 있는 사람들은 그럼 그만큼 쓰고, 아이도 더 좋은 방법으로 낳고, 회복도 빠르죠. 돈 없는 사람들은 선택을 할 수가 없는데. 출산권에 빈부의 격차가 생긴 거죠. (면담 중)

최근에는 지방자치단체마다 차이는 있지만 산전 검사 및 출산 비용을 정부가 지원하기도 한다. 병원에서 자연 분만을 할 경우, 그 비용은 병실에 따른 차이를 감안해도 10~40만 원 선이다. 이에 비해 조산원은 대략 100만 원 선이다. 정부의 출산 지원금이 50만 원 선임을 감안하면 병원 출산보다 조산원 출산이 경제적으로 훨씬 부담된다. 출산에 대한 여성에게 실질적인 선택권이 있다고 보기 어렵다. 여성들의 선택권이 실질적으로 발휘되기 위해서는 선택을 하는 데 드는 비용을 사회적으로 부담하여 여성들이 자신이 원하는 출산 방식을 실질적으로 선택할 수 있도록 하는 사회적 인프라 구축이 반드시 필요하다.

여성의 출산권을 위한 다양한 방법들

지금의 의료화 출산 상황에서는 헌법에서 보장하고 있는 여성의 행복 추구권과 모성 보호권이 제대로 보호받고 있다고 보기 어렵다. 이는 의료화 출산만의 문제가 아니라 사회 전반적인 젠더 권력의 불평등 문제이기도 하다. 출산권이 제대로 보호받지 못하는 현실은 사회 경제적 구조나 진료 환경의 문제 등으로도 연결되지만, 궁극적으로는 우리 사회의 젠더 인식과 맞닿아 있다. 우리의 대화도 사회의 여성에 대한 인식 문제로 이어졌다. 그 출발점은 김지영에게 제왕절개를 권유했던 한 의사의 말이었다.

> **김지영** 그런데 (제왕절개를 권유한 의사가) 충분히 고민해 보고 오라면서도, '내 딸이면 제왕절개를 권하겠다'고 하시더라고요. 그러면서, '자궁 경부가 이렇게 예쁜데 다 헐어서 나오게 하고 싶냐'고….

류정미 그러니까, 남자 의사들은 여자를 동물로 보는 것 같아요. 결국 섹스의 문제로 귀결되잖아요.

김지영 네, 그 이야기가 사실 좀 충격적이었어요.

류정미 저는 그게 굉장히 남성 중심적 사고라고 생각해요. 질은 세 가지 기능이 있어요. 아이가 나오는 산도의 기능, 생리의 기능, 섹스의 기능. 하지만 남자는 대부분 섹스의 기능으로만 생각하죠. 물론 섹스가 없으면 아이가 나올 수 없어요. 그런데 여자에게는, 산도로서의 의미가 가장 커요. 출산을 통한 본인의 성취가 굉장히 커요. 저는 강의를 할 때, 출산에 대해 굉장히 적나라하게 얘기를 하면서 출산이 이렇게 힘들지만, 눈물을 펑펑 쏟으면서 기뻐하는 일이라는 걸 알려 줘요. 엄청나게 힘든 순간이지만 거기서 오는 희열이 있는데, 남자들은 평생 느낄 수 없는 것이라고. 제왕절개를 예쁘게 출산한다고 보는 것은, 바로 그런 의미예요. 예쁜 산도를 유지하고 출산하는 게 낫지, 굳이 그렇게 '너덜너덜'지면서 하고 싶냐 그거죠. 여자들은 출산하고 나면 지스팟(여성이 쾌감을 민감하게 느끼는 부위)이 다 바뀌어요. 회음부 절개를 하지 않고 출산을 하면 사실 훨씬 좋아져요. 회음부 절개를 하면 신경이 손상되기 때문에 성교통(性交痛)이 생길 수도 있지요. 그리고 모유 수유를 제대로 다 끝내기 전에는 윤활액도 안 나와요. 그런 부분을 알려 주면 괜찮을 텐데, 전혀 모른 채로 지내는 거죠. 남자는 출산하고 한 달 지나면 당연히 섹스도 가능할 거라고 생각하는데 여자는 아프다고 소리 지르고 하니 당황하는 거예요. 이런 관점에서 볼 때, 지금은 우리 사회가 여자를 너무 섹스의 도구로만 보는 거죠.

전가일 저도 한국 사회에서 여자로, 엄마로 살다 보니까 우리 사회가 여자를 바라보는 게 얼마나 왜곡되어 있는지 절실히 느끼는 거예요. 저는 병원이 저를 자궁으로만 본다고 생각했거든요. 출산 앞에서 내 몸이 애를 꺼낼 자궁으로 환원되는 거예요. 인간으로서의 전가일이 아니라. 모든 상황이 '여기서 아이를 어떻게 안전하게 꺼낼까'에만 집중돼 있는 거예요. 남자들이 여자를 보는 시각도 그래요. 섹스의 대상으로서, 도구로 환원되는 대상으로서의 여성이죠. 이 자본주의 사회에서 여성이 상품화되는 걸 보면 어떨 땐 화가 나요. 저는 여성 아이돌 그룹의 엉덩이를 흔드는 춤을 제 딸이 따라 할 때, 제가 고리타분한 엄마라서가 아니라, 속으로 열불이 날 때가 있어요. 한국 사회에서 여자를 무엇으로(상품으로) 바라보는가가 적나라하게 드러나는 그 순간에, 제 딸이 아무 의심 없이 그걸 따라 하는 게 너무 화가 나는 거죠. 이런 사회 문화적 상황 가운데 아까 말씀하신 출산권은, 여자에게 너무나 소중한 권리인 거예요. 출산에서 여성이 주도권을 되찾을 수 있는, 굉장히 중요한 요소죠. 저는 헌법까진 생각을 못했었는데, 말씀을 들다 보니까 헌법에 있는 내용인데 현실적으로는 지켜지지 못하고 있으니까 정말 바뀌어야겠다 싶더라고요.

류정미 이 출산권은 우리 법에 있어요. 지금 우리가 대화하는 것처럼 의료와 사회학이랑 엮이면서 가지를 더 뻗을 수 있을 텐데요. 요즘 페미니스트 중엔 미혼 여성들이 많을 거라고 생각해요. 그분들은 계속 자기 목소리를 내고 있어요. 욕을 먹든 안 먹든. 가령, 얼마 전에 나오자마자 하루 만에 무산된 '출산 지도' 아시죠? 거기에 목소리를 낸 사람 중에는 아이 엄마도 있겠지만 보통은 젊은 여성들이 많을 거라고 생각해요. '나는 애 안 낳을 건데, 당신들이 뭔데 나를 잠재적으로 애를 낳을 사람으로 취급해?' 이런 거죠. 그럼 왜 출산한 여성들은 상대적으로 목소리를 내지 못하는 걸까 생각해 봤어요. 두 가지더라고요. 내 아이에게 해가 될 수 있으니까. (면담 중)

류정미는 출산한 여성들이 상대적으로 목소리를 내지 못하는 두 번째 이유는 '센 여자'라는 소리를 듣고 싶지 않아서라고 했다. 나 또한 그랬다. 언젠가 내가 속한 질적 연구 관련 학회에서 우리 사회 젠더 불평등 문제가 논의되었을 때, 한 남성 연구자가 한 말은 적잖이 반향을 일으켰다. "여성은 절대 해방될 수 없다. 아무리 많은 남성이 여성 해방을 이야기해도 여성 스스로 그것을 원하고 외치지 않는 한 그런 날은 오지 않는다. 그런데 우리 사회 여성들은 부당함을 참고 견디는 데 익숙해 있고, 까칠해 보일까 봐 외치지 않는다. 그런 점에서 나는 우리 사회에서 여성들의 해방은 매우 요원한 일이라고 생각한다."

그 연구자의 말은 매우 도전적이고 위험했지만 누구보다 젠더의 불평등에 대해 고민하는 연구자로서의 진심이 또렷이 전달되었기에 나의 마음을 울렸다. 그 어떤 분석보다 현실적이기도 했다. 그 연구자의 말이 맞다. 나의 자유와 해방은 타인, 남성에 의해 쟁취될 수 없는 것이다. 그럼에도 나 또한 그래 왔다. 드세 보이고 싶지 않아서, 여성으로서 나의 매력이 날아갈까 걱정되어서, '까칠한 여성 연구자'라는 선입견을 피하고 싶어서 학계에서 나는 얼마나 많은 부당한 순간을 참아 왔던가! 그러나 출산권을 지키고 옹호하는 일에서만큼은 까칠해 보일지라도 물러서고 싶지 않다. 비록, 수술을 하기 위해 침대에 누워 있던 그 순간에는 내 신체가 대상화되는 모든 모멸을 견뎠으나 그것은 오로지 내 아기의 안전을 위해서였다. 그러니 이제는 그 이유로, 즉 내 아이의 권리와 풍요로운 삶을 위해 출산권을 주장하고 이야기해야 한다. 내 딸이, 조카가, 내가 사랑하는 친구들의 무수한 딸들이, 이 사회의 아름다운 딸들이 언젠가 사랑을 하고 아기를 낳고 엄마가 될 것이기 때문이다. 그 딸들의 출산은 오늘과 다르길 바란다. 사랑하는 우리 딸들의 출산은 오늘날 내가 병원 출산을 하며 경험했던 대상화의 모멸과는 다른, 인생의 가장 소중한 순간으로서 존중받고 격려받고 보호받는 따뜻한 경험이 되길 바란다. 그러기에 나는 이제 '까칠한 여자'라는 시선에 두려워하지 않고 출산권을 이야기해야 한다.

그렇다면 지금의 현실에서 위와 같이 헌법에서 보장하고 있는 출산권을 강화할 수 있는 현실적인 방법들은 무엇일까? 면담에 참여한 류정미와 최세문은 병원의 다양한 정보에 대한 지속적인 공개 시스템 구축과 산전 검사에서의 출산 계획서 받기, 의사 중심의 진료 문화에서 산모 중심의 진료 문화로의 변화 등을 거론했다. 병원마다 출산과 관련된 의료적 처치들, 대표적으로 제왕절개술, 회음부 절개, 관장, 무통 주사 등에 대한 정보를 지속적으로 공개하는 시스템을 만들어 산모들이 병원을 선택할 때 참고할 수 있도록 해야 한다는 것이다. 또한 출산 전 검사에서 여성들이 자신들이 원하는 출산의 방법이나 특이 사항들을 기재한 출산 계획서를 만들어 제출하고 병원이 이를 참조하여, 의료진과 산모가 서로 협의해 가며 산전 검사를 하고 출산할 수 있도록 해야 한다는 이야기를 나누었다.

최세문 사실 이런 걸 타개하려면, 우리나라도 아까 말씀하셨던 것처럼 정보 공개를 해야 해요. (미국에서) 제가 낳으려던 병원도 되게 유명한 곳이었어요. 만약 제가 거기서 아이를 낳을 예정이라면, 회음부 절개, 아기 포경 수술 등을 몇 퍼센트 정도 하고 있는지 다 알려 줘요. 나중에 제가 이런 부분들을 선택할 수 있도록 하는 것이죠. 무통 주사만 해도, 언제 어떤 경우에 맞을 건지 굉장히 구체적으로 선택할 수 있도록 해뒀어요. 한국도 그런 곳들이 있다고는 하는데, 아직 잘은 모르겠어요.

류정미 '출산 계획서'라고 하는데, 좀 깨어 있는 곳에서는 받아 주기도 하죠.

최세문 네. 실제로 어떨지는 모르겠지만… 그래도 병원이 어떻게 진행할지를 미리 알려 주고, 산모가 그에 따라 선택할 수 있도록 한다는 점은 중요한 것 같아요.

류정미 이게 문화의 차이인 것 같아요. 회음부 절개 같은 경우, 미국은 예전에는 당연시했지만 지금은 요구가 있어서 거기에 대한 선택권을 줘요. 근데 유럽의 경우엔 당연히 안 하는 걸로 인식하고 있고요.

최세문 회음부 절개를 어느 정도 하냐고 물으면, 열 명 중 한 명 정도 한다고 하더라고요.

류정미 이게 기술의 차이도 있어요. 백 명 중 한 명은 어쩔 수 없이 절개를 해야 해요. 하다가 안 나오면 마지막에 절개하는 거죠. 최대한 절개하지 않고 출산할 수 있도록…. 조산사로서

저희는 그럴 수 있도록 돕는 기술을 배워요. 그런데 우리 병원 분만에서는 회음부 절개를 당연히 하는 것으로 인식해요.

전가일 우리나라 출산 프로토콜은 굉장히 의사 중심으로 구성돼 있기 때문에 이런 일이 벌어진 거라고 생각해요. 회음부 절개는 결국 산모를 위해서 하는 일은 아닌 것 같아요.

류정미 그러니까 여성들이 이 권리를 되찾아야 해요, 여성의 출산권을….

최세문 저는 제일 싫었던 게, (한국의) 어느 대학 병원에서 산모들이 누워 있는 걸 봤을 때였어요. 아이는 일자로 누워 있는 상태에서 나오기가 힘들어요. 좀 기울어져야 하는데, 산모들이 누워 있는 게 전부 의사 눈높이에 편하기 때문인 거잖아요. 사실 환자 중심으로 생각한다면, 불편하더라도 의사가 다른 자세를 취해야죠. (면담 중)

그렇다면 여성 본인이 스스로를 출산의 주인공으로 인식하고 출산 과정을 주도할 수 있는 출산 방법은 없는 것일까? 오늘날의 우리에게는 너무나 당연해진 병원에서의 출산 말고 다른 방법은 없는 것일까? 병원 출산 외에 산모가 여성으로, 인간으로 존중받을 수 있는 이상적인 출산의 또 다른 방법을 묻는 추가 질의에 대해 류정미와 최세문 모두 가정 출산을 추천했다. 최세문은 집에서의 출산이야말로 인류가 오랜 시간 동안 지속적으로 해오던 가장 자연스럽고 편안한 방법으로, 산모가 특별한 합병증이나 특이 사항이 없다면 가정 출산을 권하고 싶다고 했다. 류정미는 실제로 본인이 가정 출산을 경험했는데 일상 중에서 남편과 첫아이가 함께하는 자연스러운 삶의 일부분으로 묘사했다. 류정미와 최세문 모두, 산부가 건강하고 특이 사항이 없는 경우, 응급 상황에 대한 대안을 마련해 둔다는 전제하에 가정 출산을 여성이 자신의 삶과 출산권을 존중받을 수 있는 가장 자연스러운 출산 방법으로 꼽았다.

"제왕절개술이 필요하지 않고, 산모에게 다른 합병증이 없다면 인류가 오랫동안 그래 왔듯이 집에서 하는 출산을 추천하고 싶어요. 저는 그런 기회가 없었지만, 만약에 다시 출산을 할 기회가 생긴다면 집에서 하고 싶어요. 지금의 아이들도 새로운 가족을 맞이하는 데 동참하게 하고 싶습니다." (최세문)

"병원이 가장 편안한 공간이라고 생각하는 여성이라면 병원 출산이 가장 좋겠죠. 하지만 병원이 가장 편안한 공간이라고 생각지 않은 여성에게는 본인이 가장 편안한 공간에서 산모 주도적인 출산을 하는 것이 가장 좋다고 봅니다. 일반적으로 산모 본인이 가장 편하게 생각하는 공간은 본인이 거주하는 집이겠지요. 물론 조산사와 같은 의료진이 함께하여 혹시 모

를 상황에는 반드시 대비하는 것이 좋겠죠. 또한 산부인과 의
료진에게 출산 시 위험 요인이 예상되는 산모라고 진단받은
경우라면 가정 출산을 강행해서는 안 되겠지요. 하지만 일반
적인 경우 가정 출산은 한국에서 우려하는 바처럼 위험하지
않습니다. 가정 출산의 위험성이 병원 출산에 비해 높을 것이
전혀 없다는, 미국과 캐나다 산모 5천 명 이상의 연구 결과도
있습니다." (류정미)

　　여성의 출산권을 보호하기 위해서는 위에서 거론한 다
양한 방법들과 동시에 사회 경제적 구조와 같은 토대의 변화
가 필요하다. 그러나 그 무엇보다 중요한 것은 바로 여성 스스
로의 자각이다. 자신이 출산의 주인공이라는 자각, 그리고 스
스로 몸을 움직여 출산을 할 수 있다는, 출산 능력에 대한 스
스로의 신뢰가 있을 때 자신의 출산권을 지키고, 의료화 출산
시스템하에서도 존중받을 수 있을 것이다. 출산과 관련해 우
리가 갖고 있는 많은 두려움은 실상 의료화 출산 과정의 의료
적 처치들에 관한 것이다. 그러나 다른 외부 환경들이 아닌 자
신의 몸과 아기에게 온전히 집중한다면 그러한 두려움을 떨
쳐 버릴 수 있을 것이다. 여성은, 특히 엄마라는 이름의 여성
은 그 누구보다 존재 가능성이 충만한 현존재이기 때문이다.
그러한 여성의 놀라운 능력과 강인함은 출산이라는 역사를

통해 인류의 역사를 지속시키고 있는 것이다.

에필로그　　　여성이 행복한 출산을 꿈꾸며

집필하는 내내 '써야 한다'는 확신과 '써도 괜찮을까' 하는 망설임이 교차했다. 내가 겪은 의료화 출산 경험이 가진 사회적 의미도 중요했지만, 한편으로는 이 글이 출산과 관련된 의료진과 의료 행위에 대한 비판으로 이어질까 두려웠기 때문이었다. 지금도 병원에서 수고를 다하고 있는 모든 산과 의료진을 비판하는 것으로 여겨지거나 혹은 출산 의료화 시스템 자체를 부정하는 것으로 여겨질까 우려가 되기도 했다.

두 번의 병원 출산을 경험하면서 의료진에 대한 부정적인 경험만 남은 것은 아니다. 첫아이를 출산했던 여성 전문 병원에서는, 내 침상이 수술장에 들어서자 대기하고 있던 간호사 한 명이 내 손을 살짝 잡으며 "수술하는 동안 음악을 틀려고 하는데 바흐 좋아하시냐"고 물었다. 그때 내 손을 잡았던 간호사의 따뜻한 체온과 수술 시간 내내 나지막이 흘러나오던 바흐의 첼로 선율을 아직도 기억한다. 그 당시 반신 마취로 수술했기 때문에 의식이 있었는데, 분만 후 수술을 집도했던 주치의와 마취의, 많은 간호사들이 박수를 쳐주었고 아기를 보고는 "너무 예쁘다"고 환호했다. 그때 주치의가 내 품에 아기를 안겨 주며 "가일 씨~ 엄마가 된 거 축하해요"라며 축하를 건넨 것도 잊지 않고 있다.

B대학 병원에서도 모든 의료진이 내게 사물화를 경험하게 했던 것은 아니다. 밤을 꼬박 지새운 첫날 새벽, 회진을

돌던 수간호사가 내 침대로 와서 양수로 침대가 온통 젖은 것을 보고는 손수 침대 시트를 다 갈아 교체한 후 내 손을 꼭 잡고 말했다. "많이 걱정되시죠? 지금은 많이 불안하겠지만 얼마 안 있어 아기랑 건강하게 병원을 걸어 나갈 거예요. 이제 곧 아기 만날 거니까 마음을 편안하게 하세요. 아기도 엄마랑 함께 느끼고 있으니까요." 사실 난 밤새 겪은 일 때문에 아침에 남편이 오면 '지금이라도 병원을 옮기고 싶다'고 할 참이었다. 더 이상 이렇게 물건 취급당하고 싶지 않노라고, 너무너무 무서웠다고, 이렇게 여기서 비인간적인 취급을 당하며 출산을 할 수는 없다고 말하려 했다. 그런데 새벽에 병실에 온 그 수간호사의 말이, 그 눈빛과 손길이 내 마음을 바꿨다.

　　의료화 출산 과정에서 임산부가 경험하는 소외와 사물화의 문제들에는 진료 수가와 의료 자본화, 그리고 그로 인한 열악한 의료 노동 환경과 같은 구조적인 문제들이 얽혀 있다. 따라서 의료화 출산 과정에서 임산부가 겪을 부정적 경험들의 원인이 의료진의 자질이나 인성 같은 개인적인 것으로 귀결되어서는 안 된다. 게다가 조산은 그 재태 기간에 따라 아기에게 위험이 따를 수 있는 응급 상황이므로, 아기의 상태에 따라 의료적 처치와 개입이 불가피하다. 정도가 다른 조산 경험이 일반적인 의료화 출산 경험과 모두 같으리라고 여길 수도 없다.

　　그럼에도 불구하고 나의 조산 체험에는 병원에서 분만

한 많은 여성들의 경험이 담겨 있다. 현대 사회 의료화 출산을 경험한 산모들이 가지는 경험지를 공유하고 있는 것이다. 따라서 조산이라는 독특한 경험을 재현한 이 글을 통해서 우리는 의료화 출산의 특성과 병원 분만 경험을 들여다볼 수 있다. 이 책은 의료화 출산의 다양한 측면 중에서 임산부, 여성이 무엇을 경험하는가에 초점을 맞추고 있다. 조산 경험을 통한 의료화 출산의 의미를 여성의 소외와 신체의 사물화로 주제화한 것은 그러한 이유에서다. 의료화된 환경에서의 조산체험을 통해 연구자로서, 여성으로서, 엄마로서 배운 것과 새롭게 질문하게 된 것은 다음과 같다.

첫째로, 의료화 출산에서 여성은 아기를 낳기 위한 도구적 존재로서의 의미가 강해진다. 입원 순간부터 퇴원하기까지 난 매 순간 엄마, 여성, 인간 존재가 아닌 아기를 낳는 배와 자궁으로 여겨졌다. 그러한 과정 중에 도구적 존재로 소외되거나 사물화되지 않으려는 여성의 질문이나 의견은 아기의 안전을 위협하는 것으로 받아들여진다.[50] 출산 과정에서 여성이 도구적 존재로 전락하지 않으려는 노력은 아기의 안전을 위협하는 것이 아니며 인간적 존중을 원하는 여성의 요구를, 모성을 이유로 억압해서는 안 된다. 의료화 출산이 줄수 있는 이로움은 신생아뿐 아니라 여성에게도 이로운 것이 될 수 있어야 한다.

둘째, 그럼에도 불구하고 의료화 출산에서 여성은 소외와 사물화를 당하기만 하는 존재가 아니다. 입원부터 퇴원까지 의료화 출산의 매 과정에서 나는 소외와 신체의 사물화를 겪었다. 그러나 나는 그 모든 것을 당하기만 하는 수동적인 존재인 것만은 아니었다. 의료화 출산 과정에서 소외와 사물화가 진행될수록 출산의 주인공으로서 존중받고자 하는 나의 의지도 강해졌다. 극단적인 인격적 위협 속에서, 오히려 인간다움을 회복하고자 하는 가장 격렬한 의지가 나타났다. 나는 소외에 저항하기 위해 질문하고, 기록하고, 고민했으며 가장 극단적인 사물화의 상황에서는 기도했다. 여성이 의료화 출산 과정에서 무조건 감시와 통제의 대상이 되기만 하는 것은 아니며,[51] 자신의 욕구를 실현하기 위해 다양한 방식으로 의료 권력에 저항한다는[52] 기존의 연구들과 같은 맥락이다.

셋째, 의료화 출산에 대한 문제 제기에 대한 답이 곧바로 탈脫의료화로 이어지는 것은 위험할 수 있다. 의료화 출산의 문제는 곧 의료 권력화에 대한 문제 제기인데, 이것을 곧바로 탈의료화로 귀결하는 것은 비약이다. 탈의료화가 여성에게 더 큰 자유를 줄 것이라는 전제의 위험성을 제기하는 시각도 있다.[53] 자칫하면 탈의료화가 의료적 시선을 시민들의 일상생활에 더 많이 침투시키면서 기존에는 의료 시스템이 고려하지 않았던 더 많은 영역을 의료화하는 역습을 초래할 수도 있다. 따라서 의료화된 출산의 문제들을 단순히 탈의료화만으로 해결하려하기보다는 기존 시스템 안에서 임산부를 존중할 수 있는 방법을 우선 고민해야 한다.

넷째, 의료화 출산 과정에서 경험되는 여성의 소외와 신체의 사물화는 여러 사회 구조적인 문제들과 연관되어 있다. 이 문제들은 단지 의료진의 개인적 자질 때문에 일어난 일들이 아니다. 조산아는 해마다 늘어나는 반면 조산아들을 치료할 수 있는 시설은 줄고 있다.[54] NICU 병실은 줄고 투입된 인력들이 감당할 수 있는 한계가 있다 보니 의료진의 업무 강도와 근무 환경은 열악할 수밖에 없다.[55] 이는 우리 사회의 구조적인 문제다. 출산 의료화의 문제를 해결하기 위해서는 열악한 의료 현실에 대한 검토도 필요할 것이다. 입원 당시에는 많은 것을 의료진의 탓으로 여기기도 했으나 면담을 비롯한 집필 과정에서 의료진이 처한 환경과 입장을 이해할 수 있었다. 병원에서의 근무 경험이 있는 여성들과의 대화를 통해 상호 주체성을 구성하면서 의료화 출산에 대한 이해는 더욱 풍부해졌다. 이처럼 우리는 끊임없는 타인과의 조우와 이해를 통해 우리의 상호 주체성을 구성하고 우리의 존재 지평 또한 확장해 나갈 수 있다.

다섯째, 의료화된 환경에서의 조산 경험을 통한 부정적 인식들이 엄마가 되면서 얻는 초월적인 책임감을 앗아 가지는 못한다. 나는 조산의 위험과 응급함을 통해 오히려 아기와 나를 지키고자 하는 내 마음속 가장 깊은 곳의 강인함과 조우했다. 의료 처치가 필요한 여러 고위험 신생아의 사례에서 부모와 의료진의 책임과 반응이 갖는 의미를 고찰한 연구[56]에서는 이러한 부모들의 책임을 초월적인 것으로 보았다. 고위험 신생아 부모들은 사랑과 기쁨을 얻는 동시에 아기가 잘못될 위험과 그로 인한 고통, 슬픔에도 열려 있는 초월적인 책임감을 갖게 된다고 했다. 나 또한 나와 아기의 죽음까지 내달려 봄으로써 모든 것에 열린 존재가 되는 것을 경험했다.

이 과정에서 또 다른 질문들이 생겼다. 내가 경험한 의료화 출산의 소외와 신체의 사물화 경험을 야기하는 구체적인 사회 구조적 조건은 무엇인가? 의료화 출산 시 임산부와 산과 의료진, 소아과 의료진의 서로 다른 관점은 무엇이며 그 다름은 무엇에 기인하는가? 여성으로서, 엄마로서 나는 의료화 출산 과정 속에서 무엇을 배우고 어떻게 성장했는가? 이러한 질문들은 이 글에서는 다 다루지 못했지만 이에 대해 탐구할 수 있다면 의료화 출산에 대한 우리의 이해를 보다 풍부히 할 수 있을 것이다.

의료화된 출산 시스템에서 겪은, 나의 개별적인 사례가 출산 경험이 있는 독자뿐 아니라 그러한 경험을 하지 않은 모든 독자들이 의료화 출산 경험의 의미를 이해하는 데 도움이 되길 바란다. 또한 사회가 의료화 출산 과정의 문제들에 대해, 여성에게도 이로울 수 있는 출산 의료화 시스템의 실질적 방법에 대해 고민해 보는 계기가 되기를 기대한다.

이 글을 통해 그동안 의료 권력이 주도한 출산 담론에서 소외되었던 여성을 생각해 볼 수 있기를, 소외와 사물화, 대상화를 온몸으로 경험한 이 땅의 수많은 엄마와 여성들에게 작은 위로가 될 수 있기를 바란다.

주

1 _ van Manen, M.(신경림 譯),《체험연구(Researching lived experience)》, 동녘, 1994(1990).
van Manen, M.,《Phenomenology of Practice》, CA: Left Coast Press, 2014.

2 _ 이것은 개인적인(personal) 사태의 경험이기도 하다. 주지해야 할 것은 현존재인 인간은
세계-내-존재이며 모든 개인적이고 개별적인 경험은 결국 간주관(inter-subjectivity)
으로서의 경험이라는 점을 되새겨 볼 때, 오롯이 그 개인에게만 해당되는 경험이라는
것은 사실 존재하지 않는다는 점이다. 세계를 사는 모든 현존재의 개인적인 경험은 결국
사회적인 경험이다.

3 _ 전가일, 〈의료화된 조산 체험의 의미 탐구〉,《교육인류학연구》, 18(1), 105~152쪽, 2015.

4 _ Morgan, K. P., 〈Contest bodies, contest knowledges〉,《the politics of women's
health: exploring agency and autonomy》, Philadelphia: Temple University Press, 1998.

5 _ 2012년 통계청이 949명의 산모를 대상으로 실시한 조사에 따르면, 병원·의원 등
의 의료 시설 분만율은 첫째, 셋째를 낳은 산모의 경우 100퍼센트, 둘째를 낳은 산모는
99.4퍼센트에 달했다.

6 _ 조영미, 〈한국의 출산의 의료화 과정(1960-2000): 의료, 국가, 여성을 중심으로〉,
《여성건강》, 7(1), 29~52쪽, 2006.

7 _ 박문일, 〈바뀌고 있는 출산 문화〉,《대한의사협회지》, 44(2), 117~126쪽, 2001.

8 _ Kelpin, V., 〈Birthing pain〉,《Phenomenology+Pedagogy》, 2(2), 178~187쪽, 1984.

9 _ 간호학 관련 연구들은 다음과 같다.
김정현,《자기 주도적 출산 경험: 새로운 자아 탄생》, 연세대학교 간호학과, 2002.
박문일, 〈바뀌고 있는 출산 문화〉,《대한의사협회지》, 44(2), 117~126쪽, 2001.
이은주·박영숙, 〈조산원 출산 여성의 '자연출산' 의미와 경험-페미니스트 접근〉,《여성
건강간호학회지》, 18(2), 135~148쪽, 2012.
최양자,《조기출산 어머니의 경험》, 경희대학교 간호학과, 2001.

10 _ 김정현, 같은 글, 2002.

11 _ 이은주·박영숙, 같은 글, 2012.

12 _ 여성학 관련 연구들은 다음과 같다.
김은실, 〈출산문화와 여성〉, 《한국여성학》, 12(2), 119~153쪽, 1996.
안소영, 《출산조력자로서의 조산사에 대한 사회적 의미변화 연구》, 이화여자대학교 여성학과, 2001.
조영미, 〈출산 의료화와 여성의 재생산권〉, 《한국여성학》, 20(3), 67~97쪽, 2004.
정연보, 《'출산문화'에 대한 여성학적 담론분석: 의료화와 자연 개념에 대한 비판》, 서울대학교 협동과정 여성학 전공, 2003.
홍성희, 〈한 페미니스트의 임신과 출산 경험〉, 《여성과 환경》, 53, 190~205쪽, 2007.
Bergum, V., 《Woman To Mother, A Transformation》, Bergin & Garvey Publishers, 1989.

13 _ 2014년도 통계청 자료에 의하면 우리나라의 조산아 출산율은 1995년도에 2.5퍼센트에서 2012년도에 6.3퍼센트로 3배 가까이 증가했다.

14 _ 박세원, 〈왜 존재론적 탐구인가?: 탐구의 존재론적 자리매김과 탐구론적 전경 재구축〉, 《교육인류학연구》, 17(3), 1~40쪽, 2014.

15 _ van Manen, M., 같은 글, 1994.

16 _ 조영미, 같은 글, 2006.

17 _ 〈OECD 요구 기준에 따른 저출생 체중아 통계 생산〉, 보건복지부·한국보건사회연구원 정책보고서, 2009.

18 _ KBS 〈추적 60분〉, 신생아의 SOS 거리를 헤매는 임산부들, 2014년 10월 18일 방송.

19 _ 윤혜선, 〈우리나라 미숙아의 통계와 의료비용〉, 《Hanyang Medical Reviews》, 29(4), 386~390쪽, 2009.

20 _ KBS, 같은 방송.

21 _ Levinas, E.(강영안 譯), 《시간과 타자(Le temps et l'autre)》, 문예출판사, 1996(1979).

22 _ 의료화 출산 과정에서 조산 임산부들은 제왕절개술로 출산하는 것이 암암리에 당
연시된다. 그러나 관련 선행 연구를 찾았지만 조산 시 수술이 필수적이라고 하는 의학
적 근거에 대한 연구는 찾지 못했다. 다만 조산 시 태아가 아직까지 출산을 준비하지 않
은 탓에 머리를 아래로 향하여 자리를 잡지 않은 둔위 출산 과정에서의 위험, 조기 양막
파수로 인한 감염 등 예상되는 위험을 줄이고자 수술을 고려하는 듯하다. 그러나 둔위일
경우에도 수술이 필수적인 것은 아니다. Michel Odent(장은주 譯), 《세상에서 가장 편
안하고 자연스러운 출산》, 명진출판사, 2001.

23 _ 조영미, 같은 글, 2004.

24 _ 조영미, 같은 글, 2006.
Bergum, V., 같은 글, 1989.

25 _ Bergum, V., 같은 글, 89쪽, 1989.

26 _ 이은주·박영숙, 같은 글, 2012.
조영미, 같은 글, 2004.

27 _ 조영미, 같은 글, 2004.

28 _ 캥거루 케어란 기저귀만 찬 아기를 어머니가 피부를 직접 맞대고 안는 피부 접촉을
통해 신생아를 케어하는 방법이다. 1983년 남미 콜롬비아에서 의료 장비가 부족해 인큐
베이터를 대체할 목적으로 처음 시작되면서 캥거루 케어라고 명명했다. 최근에는 미국,
유럽, 일본 등 여러 의료 선진국에서 조산아의 인큐베이터 케어를 보완할 수 있는 간호 중
재로써 집중 치료와 함께 널리 시행되고 있다. 국내의 경우는 2000년대 들어서면서 캥거
루 케어 효과에 대한 연구가 꾸준히 발표되고는 있으나 실제로 이를 시행하고 있는 병원은
찾기 어려운 실정이다. 방경숙, 〈신생아집중치료실 캥거루 케어에 대한 간호사와 의사의
인식〉, 《Child Health Nursing Research》, 한국아동간호학회, 17(4), 230~237쪽, 2011.

29 _ Heidegger, M.(전양범 譯),《존재와 시간(Sein und zeit)》, 동서문화사, 1998(1927).

30 _ Smith, D. G., 〈The meaning of children: A hermeneutic study〉,《Doctoral dissertation》, University of Alberta, Canada, 1983.

31 _ 조영미, 같은 글, 2004.
32 _ 이런 맥락에서 어떠한 분야의 경험이나 지식이 이른바 '전문화'된다는 것이 과연 우리 삶에 꼭 이로운지 문제 제기를 할 필요가 있겠다. 한 분야(만)의 '전문'지식을 소수의 전문가들이 모여 재생하는 방식으로 전문가 집단의 진입 장벽을 높이고, 그 지식을 게토화(특정 영역화)하는 것이 우리 삶에 얼마나 의미가 있는 것일까? 이런 맥락에서 나는 전문 지식, 전문가에 대해 종종 회의를 하며 학문에 있어서도 아마추어리즘이 필요하다는 생각을 한다. 누구든지 그 문제에 대해 생각해 보고, 문제를 삼고 질문을 던지며 답을 찾으려고 시도해 보는 것, 그것은 학문에서의 아마추어리즘의 회복을 통해 가능할 것이다.

33 _ Bergum, V., 같은 글, 1989.

34 _ 조영미, 같은 글, 2004.

35 _ 최양자, 같은 글, 2001.

36 _ Bergum, V., 같은 글, 1989.

37 _ van Manen, M., 〈Ethical Responsivity and Pediatric Parental Pedagogy〉,《Phenomenology & Practice》, 6(1), 5~17쪽, 2012.

38 _ 조영미, 같은 글, 83쪽, 2004.

39 _ 이은주·박영숙, 같은 글, 2012.

40 _ Bergum, V., 같은 글, 1989.

41 _ 이은주·박영숙, 같은 글, 2012.

42 _ Heidegger, M., 같은 글, 1998(1927).

43 _ Bergum, V., 같은 글, 1989.

44 _ Bergum, V., 같은 글, 1989.

45 _ van Manen, M., 같은 글, 2012.

46 _ Bollnow, O. F.(오인탁·전혜영 譯), 《교육의 인간학(Pdagogik in anthropologischer Sicht)》, 문음사, 1999(1971).

47 _ 정부는 제왕절개 분만율의 적정화를 위해 2000년 8월부터 제왕절개 분만 평가를 시작했다. 2005년 8월부터는 기관별 평가 결과를 최초로 공개하기도 했다. 정보가 공개되면서 2006년부터는 제왕절개 분만율이 감소해 36퍼센트대를 유지했다(2001년 제왕절개율은 40.5퍼센트였다). 그러나 정보 공개가 종료된 2012년 이후, 제왕절개율은 다시 상승했다. 2013년 37.6퍼센트, 2014년 38.8퍼센트에 이어 2015년에는 다시 40퍼센트대(40.2)에 진입했다. 〈2015년도 제왕절개 분만율 모니터링 결과〉, 건강보험심사평가원, 2016.11.

48 _ Kelpin, V., 같은 글, 1984.

49 _ Bergum, V., 같은 글, 1989.
van Manen, M., 같은 글, 2014.

50 _ 이은주·박영숙, 같은 글, 2012.

51 _ 정연보, 같은 글, 2003.

52 _ 조영미, 같은 글, 2004.

53 _ Lupton, D., 〈Foucault and the medicalisation critique〉, Peterson A. &Bunton, R.

(Eds.) 《Foucault, Health and Medicine》, New York: Routledge., 1997.

54 _ 보건복지가족부, 같은 글, 2009.

55 _ KBS, 같은 방송.

56 _ van Manen, M., 같은 글, 2012.

북저널리즘 인사이드   여성은 출산의
                    도구가 아니다

'임산부(임신부의 오기) 먼저.' 수도권 지하철 칸마다 눈에 띄는 두 자리가 있다. 임신부 배려석, 일명 '핑크 좌석'이다. 그러나 자리의 주인은 임신부가 아니다. 발밑 문구가 이를 증명한다. '핑크 카펫, 내일의 주인공을 위한 자리입니다.' 임신부는 자신의 육체적 고통 때문이 아니라, 배 속에 품은 진짜 주인 덕분에 그 자리에 앉을 권리를 얻은 셈이다.

2016년 말 행정자치부는 세계 최저 수준인 출산율을 높이겠다며 '대한민국 출산 지도'를 제작, 공개했다. 전국 243개 지자체의 모든 가임 여성을 수치화한 '출산 지도'는 여성들의 거센 반발을 샀다. "여자는 애 낳는 기계가 아니다", "내 자궁이 공공재인가." 결국 행정자치부는 하루 만에 지도를 삭제했다.

핑크 좌석과 출산 지도는 우리 사회가 출산과 여성을 바라보는 방식을 적나라하게 드러낸다. 임신한 여성은 산모 그 이상도 이하도 아니다. 아이를 낳는 존재(産)이자 아이를 기르는 존재(母)일 뿐이다. 출산 과정과 고통, 산모의 인격과 권리에 대해서는 무관심하다.

출산은 여성의 삶에서 중요한 변곡점이다. 상상하지 못했던 고통, 그에 대한 두려움과 아이에 대한 책임감을 한꺼번에 마주해야 한다. 그러나 산모의 선택권은 없다. 의료진의 관리와 통제하에서 대부분의 산모가 수동적으로 출산을 겪는다. 진통이 아무리 심해도 의사가 올 때까지 기다려야 하고, 의사가 원하는 자세로 아이를 낳는다. 생명이 달린 중대한 상황이라는 명목하에 산모의 권리는 순위 밖으로 밀려난다.

저자는 출산 과정에서 산모의 존재가 소외되는 현상에 의료 지식의 권력화가 깔려 있다고 봤다. 산모의 정서보다 의학 지식을 중시하는 분위기 속에서 산모의 질문은 무시당하기 쉽다. 출산 의료의 지향점은 명확하다. 출산 시 발생할 수 있는 위험을 차단하면서 아이를 꺼내는 가장 효율적인 방법은 무엇인가? 아이의 안전이 최우선인 산모는 의료진에게 의지할 수밖에 없다. 출산 과정에서 의료진은 그렇게 우위를 차지하며, 결국 산모는 소외된다.

2016년 대한민국 출산율은 세계 최저 수준(1.17명)이다. 출산 장려 정책이 유의미한 성과를 내지 못하는 까닭은 어쩌면 단순하다. 정책 목표에만 관심을 두고, 정책의 대상 즉, 출산의 주체인 여성은 고려하지 않았기 때문이다. 출산 과정에서 절차를 안내받고 방법을 선택하는 것은 산모의 당연한 권리다. 사회가 여성을 인격체로 인식하지 않는다면, 산모에게 출산의 경험은 축복이 아니라 상처가 될 수밖에 없다.

여성은 출산 지도의 점이 아니다. 미래의 생명을 품은 도구도 아니다. 산모가 소외되지 않는 출산 정책을 기대해 본다.

김세민 에디터